Yingzai Zhongshi Kuaican

赢在中式快餐

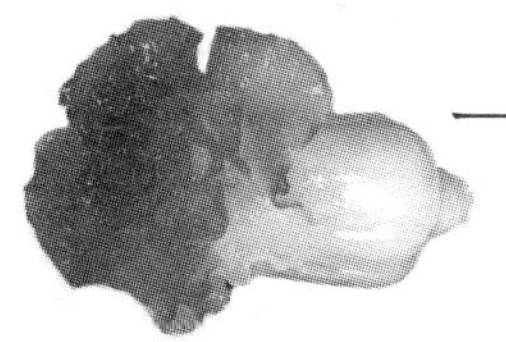

一个快餐连锁加盟公司执行总经理对中式快餐店赢利的剖析

袁召起◎著

中国纺织出版社

内 容 提 要

为什么有些行业是电商不能撼动的？为什么有些行业是个体创业者可以进入的？本书旨在分析和梳理在电商冲击传统行业的信息时代，中式快餐这个新兴业态，以及中式快餐连锁加盟这个新兴行业的运营、盈利模式及发展趋势。

书中大量详实的案例，是作者多年工作实践的总结，是理论联系实际的结晶。对于想要和正在开店的创业者来说，这些真实的案例形象生动、各有侧重、针对性强，一定会给他们带来具体、直接、有效的指导和帮助。

图书在版编目（CIP）数据

赢在中式快餐／袁召起著.—北京：中国纺织出版社，2019.1（2024.3重印）

ISBN 978-7-5180-5509-8

Ⅰ.①赢… Ⅱ.①袁… Ⅲ.①中式菜肴—快餐业—商业经营—案例 Ⅳ.①F719.3

中国版本图书馆 CIP 数据核字（2018）第 241230 号

策划编辑：向连英　　特约编辑：邓艳丽

责任校对：江思飞　　责任印制：储志伟

中国纺织出版社出版发行

地址：北京市朝阳区百子湾东里 A407 号楼　邮政编码：100124

销售电话：010 — 67004422　传真：010 — 87155801

http: //www.c-textilep. com

E-mail: faxing@c-textilep. com

中国纺织出版社天猫旗舰店

官方微博 http://weibo.com/2119887771

北京兰星球彩色印刷有限公司印刷　各地新华书店经销

2019 年 1 月第 1 版　2024年3月第2次印刷

开本：710 × 1000　1/16　　印张：12

字数：150 千字　　定价：58.00 元

序一：瞧，这几个人

袁召起是个放得下的人。这部书稿，2014年12月22日完成初稿，然后他就放下了。2015年秋天，本系列第一部《开家赚钱的店》销售不错，出版社老师问他第二部书稿准备何时推出，他说："需要再观察、修改，先放一放。"

这一放，三年半的时间过去了。

这三年半，中式快餐业发生了巨大的变化，而他也会及时对这部书稿做一些修改。偶然我们一起喝茶，必然会聊起中式快餐这个话题，许多问题他都要条分缕析地揭示清楚，然后简单谈一点他的对策建议，有些问题他看得越来越明白了。

但是，这部书稿他还是不急于出版。

按说他是一个很注重实效的人，他选择上班的行走时间要计较到秒，但是有时候出版一本书要沉淀几年他都能等下来。

这个情形与本书所记录的优秀企业家、青年创业导师、"王硕士爆浆臭豆腐"创始人王永上先生何其相似。王永上2010～2015年深耕餐饮产业链，着力打造原材料种植生产基地、标准化中央加工仓储中心、品牌运营推广中心，形成独特的营运性餐饮连锁机构……2015年将筹备三年的禾言己项目落地济南新地标"宽厚里"。

古人说"十年磨一剑"，王永上在这里至少是五年的准备期。通过本书的介绍，我们知道禾言己品牌已经茁壮成长起来了，真的是磨刀不误砍柴工，有时候看似迟缓却可能酝酿着更大的成就。引用网上比较流行的小故事来说明一下：雨后春笋24小时之内可以拔高2米，但是它们在地下的延伸要经过漫长的时期。这样一看，我们对“十年生聚”也有了现实的感悟、信心与接受。

当然，一本好的书从来就不是歌功颂德的，本书也深刻地批评了某些人的做法，比如对“青岛老刘”的转型失败，他很痛心地提醒读者：成功的人不是赢在起点，而是赢在转折点。

再比如，对“爱之深、痛之切”的小李兄弟，剖析其“死要面子活受罪”的结果让人警醒。

本书的案例，都是作者亲身经历的经营问题，而许多经营问题根本是人的问题。

这样看这本书，就不只是具体而微地提炼、解决快餐营运的各种基础问题了，实际上，是通过对经营者心态的调整，找到正确的赢利之道。

这样看这几个人，就像一句歌词“多么痛的领悟”——哼一段歌，矫情一下、放松一下。然后，回到创业的阵地，坚守、浴血奋战吧。

拼搏的人不孤独。

创新、创业的概念越来越深入人心了。

岳刿（某餐饮企业经理人）

序二：尊严值多少钱

我要说一句话：经过检索，发现这是第一部系统整理“中式快餐”的著作。

我还要说一句话：作者袁召起是个有点意思、有点想法的人。

袁召起在写作这本书的时候有一个想法，他曾经兴奋地跟一些知己朋友分享这个想法，甚至向编辑老师报告。这一回，大家都很支持他呢。那时候他正在修定《开家赚钱的店》，他说：“等这本书出版了，给很多做中式快餐连锁加盟公司的老板一人一本，让他们看看实际的。然后告诉他们我马上就要出版‘中式快餐’方面的书，要他们给出赞助，然后我那本书就写到他，赞他；如果不给赞助，还态度不好的，也写他，写他的负面信息，黑他——反正两方面的信息网上都有的是，我注明出处，引用总可以吧。”

他这个想法，在他来说少有的一次“聪明”想法后来改变了。

起因是 2014 年 8 月 13 日早上，他偶然看到报纸上有南方某省纪检人员公开批判原国家药监局局长“收受贿赂篡改《国家药典》”的报道，忽然意识到他这本书一定不能不保持中立，因为这是学术著作。为了学问的尊严，为了人格的尊严——他决定不向中式快餐类企业拉赞助了。

这个真让我们感到好笑，是不是怕到时候一分钱也拉不到，提前拎上一块板子好下坡啊？但是又不对，因为这个人是那种属钻头的，只要认准了他就敢钻，开动起来就不松懈，宁折不弯，成不成功他并不在乎，他在乎的是小车不倒紧着推。如果硬要比附，他可能有一点像唐吉诃德“大战风车”一样——其实唐吉诃德是有实际含义的，就像袁召起在这里“破解电商”一样，是有实际含义的。

但是这一次他好像顾虑挺多的。为什么呢？

因为这个行业的特点，更因为他的指导思想。

袁召起构思本书的时候，很明确地说要做到“有用、有意思”——凭他在行业一线的实践与思考、总结，他要实现这个似乎不难。但是他又要做到“有深度、经得住推敲”——这个就不好说了，因为这个行业是新兴的行业，不像所谓的“环境（风水）学”有上下两千多年的历史了，这个你要我们推敲什么呢？总得有的放矢吧。起码应该选一个共同的讨论目标，并且有一套明白的评价标准吧？于是他先思考孔子的“必也正名乎”（语出《论语 · 子路》），孔子所要正的“名”，指的是“名分”。初步归纳一下是一种操作性的仪式，再上升可以说是属于伦理实践哲学。而我们需要在严格、科学的形式逻辑的基础上进行名词术语的构建，这样说来就是抽象的思维系统，上升到属于理性的科学体系。这个体系可是要与西式快餐对峙的呢。

但是矛盾也在这里，一本书，一方面是作者想要给我们一本鲜活、有用的书，另一方面又须要建立一套明确的逻辑体系。——你想象一下：教《物理》的老师站在钢丝绳上面给学生讲牛顿力学课程，是吧？或者有更现实的例子：美军在伊拉克发动“沙漠风暴”战争的时候，让各国的记者随同实时采访、揭秘、点评，会吗？——而作者说既然我们能够拿出那些比喻，那就说明这件事还是可以做的。确实，“市场如战场”，他在市场一线随时记录的案例就是“战地报道”；而他给亏损的店铺做专项诊疗，难度与走钢丝也差不了多少啊。

——那就这样做吧，偏偏他更看重逻辑的那一方面。逻辑是可以推理的，推理下去，结论就是：学术是不能拉赞助的，因为学术要自由公正，要有独立尊严。呵呵。

相对于我，他更熟谙历史，他曾经给我们讲过法家西门豹两次治邺的故事，启发引出我们对世道人心的一些认知与对策：“话说当年据有法家思想的西门豹受命去邺地主持地方政府工作，他对下真心爱民，发展生产；对上无意奉承，不做贿赂。结果一个任期下来老百姓倒是说好了，可是魏文侯却斥责他。他是个明白人，立即要求再回去干一届，这次他不再一意惠民，而是注重阿谀供奉魏文侯周边的人，结果任期还未满魏文侯已经开始考虑升他的职了。但是呢，西门豹却辞职了，据说也是为了某种尊严吧？”——那时候他问我们：尊严值多少钱呢？为什么不委屈一下自己，立足一个平台为老百姓做点好事呢？多一个忍辱负重的好官总比放任乌鳢泛滥横游好吧？

现在到了这里，这本书，我们先不管你尊严不尊严，你必须给我们写得有意思，让读者喜欢，并且实用有效。

他答应了。

唉，然后我们也禁不住要问他“尊严值多少钱”呢？他只是笑而不答。

在这本书里他习惯用一句话总括某个事理，现在我们也“以子之矛攻子之盾”好吧——哈哈，知之而不改，一句话：书呆子。

不过，书呆子不是呆子，呆子成不了书呆子。

孟 涛

绪　言

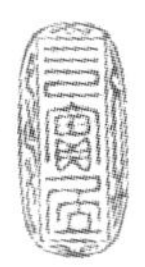

信息时代对传统业态的冲击

——餐饮与连锁加盟的契机

人是时代的产物——打开搜狗，或者谷歌、百度，这个命题下有很多条搜索结果；同时也有貌似相反的命题“时代是人的产物”相伴随着，让人耳目一新。但是，不可否认，人首先是时代的产物，然后才有可能影响时代。人与时代的关系之中，有这样一句话经常被翻出来“这是一个最好的时代，这是一个最坏的时代。”（狄更斯《双城记》）只要承认时代是不断进步的，每个人都可以发现他所处的时代是相对最好的；然而矛盾无处不在，当人们设身处地地感受他所处的时代的种种弊端，愤愤不平地骂一声“最坏”也完全可以理解，这就是时代。

时代永远在变换，关于我们当下的时代，无论如何“信息”这个关键词是绕不开的，“巨变”也是一个共识。时代在产生剧烈的变化，旧的淘汰、新的产生，社会生活会发生翻天覆地的变化。

本书就以时代为背景、以餐饮行业为轴心探讨一些发展问题。

◎ 各式业态在经历着冲击与改变

这几年我一直在连锁加盟行业生存，一直行走在行业的“最前沿”——直接置身各地市场，为加盟商选评、规划店铺，做营运建议。我亲身体验着社会生活的起伏转折，不是“去留无意，望窗外云卷云舒；宠辱不惊，看庭前花开花落”而是只身踏雪冒雨、吸霾蒙尘，所谓如人饮水冷暖自知，经历着一次次阵痛与快乐。

然而，又正是因为这个工作的性质，需要我们客观、冷静地观察市场、统计数据、分析因果、预测未来，所以我必须走进去然后还能够走出来。这样，就免不了对当下的社会生活有了多角度、多层次的了解。关于老百姓的衣、食、住、行我都历历在目，并且还要尽可能分析这种种状态对市场的影响，提醒我们的加盟商如何通过具体经营顺应这种市场变化，积极地参与、付出，同时也使他们得到相应的回报。

具体工作就是因地制宜地为客户确定店铺选址、评估风险与利润，建议经营定位、经营模式、经营策略等。每一个项目结束后都要写详细的总结文字，然后，就出来了这本书。

曾经有一段文字这样解释我理解的经济运行：

人的心脏不停地泵血——加了氧气和养分的鲜红的血液输入动脉，然后送到遍布各个器官的血管末端，通过很繁复的功能，养分和氧气供给各个器官，血液在末端析出、汇集到静脉，颜色变得黑暗，回到了心脏，然后补充养分和氧气，进入新一轮循环。

国家经济也是这样：国家把资金投出去，直接给大工程投资、给公务员加薪等，然后，希望工程部门雇用老百姓，希望公务员到服务部门消费，然后这些钱在我们广大的社会末端变成对社会有真实贡献的具体劳动，然后通过税收、各种收费等再回到国库，进行下一轮投资，这样才能推动社会进步、财富积累。

实际上，社会经济运行远远不是这么简单，但是大概的流程确是相似的，这里的末端正是我们每个人都需要的日常“衣、食、住、行”等。

一叶落而知天下秋，或者所谓见微知著，衣、食、住、行真的可以看出社会发展的轨迹与趋势。实际上，我之所以有所“见识”，恐怕不是什么远见的能力，而是幸运地遇到了当前的这场社会大发展浪潮，各式业态在经历着剧烈的冲击与变换。

那么还是具体地看看“衣、食、住、行”吧。

第一，衣——服装行业

一般人消费服装的周期、频次需要按季节或者年来观察——消费周期是我们必须关注的。此外，支付方式与消费形式体现了一个行业的基本规律（特点），决定了它在社会生活中的存在方式，这也是我们必须关注的。

支付方式的不同种类古已有之，比如预付、到付、赊销、抵押等；还有新近出现的，比如刷卡、微信、支付宝等。消费形式可分“重复型、及时型、体验型”三种，不同消费形式决定了电商的影响程度，或者说电商对传统商业的冲击巨大，但是有的行业它绝对无能为力，这个与消费形式有根本的关系，下面我们逐一分析。

服装消费。支付方式可以是预定、现付、拖欠等；消费形式属于重复型——大多数人的绝大多数服装多次使用。

我与很多人交流一个现象，服装实体店是我们当下眼睁睁地看着它衰落下去的一种营销模式。实际上，在社会生活的个人层面，我已经亲手操作转兑了好几家服装店——服装店改做中式快餐。

从大的社会发展趋势来讲，当下，电子商务必然地淘汰许多传统行业，好像最早淘汰的一个领域恰恰是服装实体店。注意，我们说的是服装实体店，这种传统的销售模式，至于服装生产，还是会发展的。

第二，食——餐饮业

中国俗话说“民以食为天”，吃饭是天天都要有的消费，因为“需求决定市场”，这样也决定了在社会生活的几种消费类型中餐饮消费周期.频次是最高的，因此更有某种代表性，最后，上升到理论的高度就是国际上通用的“恩格尔系数”（恩格尔系数是根据恩格尔定律得出的比例数，反映的是食品支出占个人消费支出的比重，越富裕的家庭，食品支出占比越低）。于是乎“食为天”终于与世界接轨了，也就是说不唯中国人即便洋人也是很重视吃饭的。

餐饮行业即时性消费的特点决定了需要口味新鲜、营养调配、环境舒适等，所以，它的消费形式是及时型的——这个行业的方便面、罐头、袋装奶等可以相对长期保存，但是只是日常生活的补充形式，不占据主流。

及时型的消费形式需要产品保持必要的新鲜度，这个就要求生产与消费之间有尽量短的实际距离，而电商的优势恰恰是以信息的快捷相对地抵减空间的距离。这是根本的矛盾，因此我们有理由宣称：未来社会餐饮店铺受电商冲击不大。

但是这个行业又是一个充满变化的行业，下面我们要展开进一步分析。

第三，住——房地产及相关产业

这个方面水太深，我真的不想说什么，正常住房的消费周期要按“一辈子”或者“半辈子”来考察吧。至于另一种“住”的方式，比如宾馆（租房）也会有最初的一次性建设投资。

现时代的中国楼市，经过这么些年的有增无减之后，我们不论是听闻大多数国人的期盼，还是根据客观的运行规律都认为是该降下来了（恩格斯说：“……不能从太阳总是在早晨升起来推断它明天再升起。”）。讲究“传宗接代”的中国人买房是要考虑子子孙孙的，这样拉开时光的距离来看问题，“富不过三代”“君子之泽，五世而斩”（《孟子·离娄章句下》）历史上有许多泡沫不是都一一崩解了吗？只要我们看透了这一点，就应该会有一些警惕与坦然，做出自己的反应，趋利避害。

不过，这个问题又是一个绕不开的问题，因为其中一个商业地产是我们下面还要遇到的，遇到的时候我们再讨论吧。

第四，行——交通与运输

我因为走遍全国，对这方面感触不少，总的说交通是越来越便捷了。乘车出行，其消费周期对不同的人群有巨大差异，据说现在个别的农村老太太竟然“一辈子没有到十里地以外去过”，作为一个经常出发的人我很羡慕那种稳定的生活状态，当然我绝不后悔自己的选择，“行万里路”毕竟是人生难得的一种修炼。

现在这个行业竞争剧烈，据我亲身经历、见闻而言，高铁所到之处机票应声而降就是一个值得乐观的事情；更需要赞誉的是高铁的普及彻底改变了中国人现实生活的空间观念、时间观念，高铁的意义是需要抛开刘志军之流来评估的——即便开凿大运河的隋炀帝这样的皇帝照样完蛋，而“不废江河万古流”（唐·杜甫《戏为六绝句》）——毕竟高铁不是他们几个人建设起来的，而是一个时代的需求，一个民族的智慧，一个国家的力量。

我曾经写过一则小品文，谈我对高铁的感受，当初我看到我国香港的郎咸平先生结合春运撰文批评我国高铁建设，说到不公平，他建议多修普通铁路。我开始是很接受郎咸平先生观点的；但是经过到全国各地出差，形形色色的车乘过之后，我渐渐发现建设高铁的发展方向是正确的，因为这个东西很深刻地改变了中国人观念上的一些东西，我的评价是“将禹论功不在多”（唐·皮日休《汴河怀古》）啊。至于公平，就像有人批评郎监管（郎咸平）先生的一厢情愿一样“没有正常的股东投票怎么会有正常的股票呢？”不知道郎先生以为如何？

这个行业的支付方式一般是预定票位，这个早就得到应用了，并且不断地提高便捷程度。然而消费形式最具有及时性、不可储存性，必须是到场使用——比如旅行，俗话说“看景不如闻景”，但是就旅行本身来说“闻景永远代替不了看景”——也就是具体成为一种体验，体验型消费。也就是说如果消费者本人不亲自到场参与消费过程则这次消费不会产生，所以说体验型消费是电商永远也无法冲击到的。

人流是“行”的重要方面，物流也是一个重要方面。在带有科幻性的“全息复制”技术出现之前，物流也是体验型消费，也是电商根本无法冲击的。

◎ 电商 PK 及时型消费——餐饮连锁加盟的契机

根据上面的分析，我们看到电商与及时型消费的关系似乎最微妙，说是没有影响吧改变得还不少，说是有影响吧还没有伤筋动骨。做管理的、做科研的、做经营的、做军事的等都知道这种所谓犬牙交错的地方最容易出现新的机会。而再具体、详细一点看看及时型消费，我们的视线就到了“食”上面，也就是餐饮行业。

可以说任何一个大的行业内都会有更详细的分化，餐饮行业也一样，可以直观地看到各种差别，这是业态的差别。第二部分我们会在餐饮形式和餐饮类型两个方面做详细的分析，出于实际应用的考虑我们组合出 5 个业态层次，这个问题我绝不会武断，我们相信其他研究者会做出更加实用的划分，下面算是抛砖引玉吧。餐饮业的不同业态，从高到低，大概可以分成星级酒店、简餐酒楼、标准快餐、简陋的夫妻店、小地摊 5 类。

它们之间的关系我放到后面展开讲，这里只说它们整体与电商的关系。小标题我使用“契机”这个词，情感上是出于对当下世人对“电商时代”一片倒的顶礼膜拜的冷视，古人说“过犹不及”。

电商对餐饮业是有巨大影响的，只不过这种影响不是什么冲击，而是某种促进。说句近乎赌气的话吧：电商能当饭吃吗？电商只不过改变了一下人们寻找美食的途径和吃饭的心情，这种心情的改变又导致胃口的变化，终于是餐饮业态有所调整，如此而已。

不过，这种调整的影响是值得我们重视的。中国地大物博、幅员辽阔，业态调整的比例幅度各地绝对不一样，但是对于经营者来说任何微小的变化都要认真对待，抓住趋势才能跟上发展，才能在经营中立于不败之地，赚钱盈利。最容易利用电商的应该是标准快餐——就因为它的标准化生产模式。可以参考的电商推广途径方式有团购网站、自建微信群、qq群、美食推广公司、餐饮连锁加盟公司等。

浪潮一波一波冲击，只有稳健地走在它的前面的人才能够说：让暴风雨来得更猛烈一些吧！

也是因为看到这样的可能性，所以我近些年越来越专注地进入中式快餐连锁加盟这个行业，并且由培训商学院转而进入市场部门，到潮流的前线（也是末端）去切身体验，在实地感受中我看到一个巨大的契机，关于餐饮与连锁加盟的契机。

其实在写作《开家赚钱的店》的时候，我已经渐渐地把注意力向餐饮这个行业集中，因为那时候的实践探索给了我机会，使我可以反复地做几个行业实体店的对比，结果是我发现许多行业都可以取消实体店——这就是时代潮流，谁也挡不住；而餐饮这个行业恰恰是不会受到根本冲击的行业之一。餐饮业这是一个工业信息化大背景之下相对灵活的行业，一个运行中个人机会更多的行业，一个可以发挥个人独立特性的行业。

◎ 个人在时代大潮流之中的作为

有人形容股市难以预测，说就像一口大锅煮着热气腾腾的汤，美联储主席舀了一勺尝尝，说是太咸，于是挖一瓢水倒进去；欧盟轮值主席那边也舀了一勺尝尝，说是太淡，于是挖一匙盐倒进去；还有欧佩克呢，还有G7+1 呢，还有什么“金砖四国”呢，等等。这些都有各自的小九九，珠心算都做得杠杠的，放糖的、放胡椒的、放芥末的，甚至放点大烟壳的；黑天与白夜的时差、明里到暗里的市场、自由或独裁的政策……最后熬出来、盛到碗里的很难预料是一口什么滋味的东西了。社会发展有时候也是这样，太多因素在里面，要做一个明确的预测太难了。

那么人在社会生活之中要怎么做呢?

俗话说“老子英雄儿好汉”对吗？流传更久经过更多考验的说法是“鉴古知今”吧？还有“前事不忘，后事之师”“前有车，后有辙”“法先王”等名言。这些引导我们关注一下前人的做法。

回头一看，就到了老子、孔子，这两位分别是道家和儒家的祖师爷。不得不说中国社会一些根深蒂固的行为方式与这两家有着千丝万缕的联系，看看他俩，对我们的认识会有帮助。

但是，我们又不想或者没有能力做那种高深的究查，前面也说了，我们就是讨论世俗的生存，真正微言大义的阐述工作已经有才子文人在做了。我发现，其实老子、孔子两个人的一个根本不同是：不合作与合作。

孔子是抱着合作的态度生活的，合作是因为看到万物皆有所长，所谓“三人行必有我师”，孔子始终是愿意与人合作的。在合作的方向延伸细化，就有“君子和而不同”的说法，要做理论分析的话那就会走向深入了，我们还是浅出一下吧，回到食宿的层面，“和而不同”这个说法经营者可以理解为：要把店铺开到同行集中的地方，但是要把产品做出自己的特色。

老子是抱着不合作的态度生活的，也许他悟得太高了，直接到了

“道”上，具体到现实就是“小国寡民，老死不相往来”的行为理念。在正向来理解他，睿智的学者们看到了老子身处的社会变革，某种不公平的加剧趋势，某种强势集团对大众的裹挟，做为先知先觉者，老子当然会发出警告。但是我们不去考虑那么复杂，我们吸取其中的要点，就是注意维护自身的正当权益不受侵害，然后洁身自好——没有必要去巴结那些权力寻租的“黑人”以追求某种暴利。所谓不相往来，其实是另一种合作，亦即与公平正义（道）的合作。

总之，个人面对时代潮流要有合作的态度，又要注意有所不为。无欲则刚，适当的时候放弃会赢得更多。

◎ 感恩之心，走遍全国，体验民生

我曾经在《开家赚钱的店》一书中说过：

在这里，说出一个秘密吧，为什么我能够找到店铺呢？

答案很简单，只不过是——因为我一直都相信并且公开承诺：“**我们保证为有创业梦想的加盟商找到店面**。”我把给加盟商找店当成一种缘分，一种上天给我的帮助别人的机会，我当然信心满满并且全力以赴，这种情况下，一般人做事都会成功。

是的，不要把工作当成工作——我经常对人这样说。我清楚地看到第一次听我说这句话的人往往是愣了一下，他们甚至以为我故意说错，稍微一顿，我继续说下去，说最低你就当是出去玩耍，最高你就当是出去行善——把工作认认真真地当成工作当然好，但是任何工作都会有疲惫的时候、厌倦的时候。而只有内心的精神活动是不会停息的，就像我们活着就要吃饭、喝水，我们一息尚存就会有思想的企求。

但是，有时候也要把工作当成工作来看。不论主观能动还是盲目被动，所有的工作，其实都是给自己做的。

看到一份资料记载当年国共两党的“济南战役”的故事，共军进攻的战略布置是以飞机场所在的西线为主攻方向，东线为助攻。结果在做战争动员、传达上级命令的时候，东线的指挥官聂凤智擅自把“助攻”改为“主攻”——我们都知道军人以服从命令为天职，他这样做就是违法犯罪。

说起来，助攻与主攻当然是有区别的，不论人员配置，武器强弱，攻击力度都不同。战役开始了，国军方面总指挥王耀武其实是正确地判断出了我方的战略安排，也做出了正确的应对策略。可是聂凤智硬是打疯了，拼了命地就是要抢先打上济南城！这种表现也打乱了王耀武的判断，进而做出错误的指挥。很快，国军济南城失守，共军“打开济南府，活捉王耀武”的口号变成现实。

几年前，我偶然读到女作家方方的一则中篇小说《埋伏》，讲的是小人物的故事了。就是因为小人物的坚守，才赢得了大案件的侦破。这样有意义的贡献，小人物当时知情吗？没有，他们只是完成一份按部就班的工作并领取一份养家糊口的薪水罢了。但是，结果他们收到了某种工作以外的尊敬，他们也是为自己做了工作。

我就是这样边走边悟，不知不觉走遍了中国的大陆省份——除了西藏。

我曾经把一则游记的题目拟为“以生存的姿态看风景”，是的，因为这份工作的性质就是立足于大众市场，为立志创业的普通老百姓服务——同时也挣他们的钱。所以我就要直接混迹于市井世俗，体验他们的风情嗜欲。

有一句歌词说“小米饭把我养大”——其实放眼全国不吃小米的地方多着呢，我到各地去专门找地方特色的百姓饭菜吃，所谓一方水土养一方人，这样的饭菜一定是当地的优质物产。就像是我在济南偶然到市场买菜，很喜欢问：现在什么菜最便宜了？我这样问是有道理的，大量上市的物产就便宜，而大量上市一般是因为时令到了，顺应天时而生的菜品一定是当时的优质物产。

我经常觉得自己很幸运，能够与各地的芸芸众生同吃同住，与四季的风云雨雪相会相聚。我写这些文字时虽然注重冷静、理性的分析，但是同时心中充满温情的感激。

案例

青岛老刘的一转身

——成功的人不是赢在起点，而是赢在转折点

与青岛加盟商老刘交谈，让我想到一句话：物竞天择，适者生存。

他是某名牌服装的山东总代理。据他说刚刚转业那会儿更厉害，从东营开车回烟台，只要一个多小时。那时候生意也做得特别火。但是，最近两年服装明显地不好做了，于是他考虑转行。

本来他约了几个哥们要在崂山拿地，但是房地产趋冷的速度比他们筹款的速度更快。又犹豫了一年，最后决定做中式快餐，然后在网上收集了一大堆的连锁加盟公司，反复对比选中某集团，很快签约加盟了。加盟的第二个程序就是我们市场部上门帮他选定店面。

我有个习惯，就是第一次见面要和加盟商闲谈很多话题，信息越多越好，绝对不限于找店铺一个方面。从家长里短到国际大事，从路边烧烤到天文地理，从瓜棚柳巷到名胜古迹……反正爱说啥就说啥吧，多听他们说。言为心声，认真听取他们的心声，然后会更准确、合理地帮助他们找到店铺。何况，“三人行必有我师”，从谈话中我往往能够收集到很多有意思的信息——这些加盟商，真正开始创业的人，都有他们的见地啊。

通过与老刘交谈，我知道原来卖服装也曾经是很暴利的。他说好的时候，随意一间门面每天的流水万儿八千元，因为他的单件商品价格高啊，毛利虽然低一点，但是开店成本也低啊。

然后，我们又聊到房地产，这个方面他专门研究了一年多。房地产其实是个复合行业，上下游环节很多，每个环节的关联行业也很多。房地产门槛并不高，理论上说只要有点钱就可以搞，不需要什么高科技，但是另一种意义来说门槛又相当高——岂止是高，一般人根本找不到门呢。至于进门之后，利润是相当惊人的。我当时暗暗回想一下自己在房地产开发公司工作的经历，也很明白他话语的含义。我记得一个细节：第二天要做二期楼盘开盘仪式——工地上刚刚挖开地表土，这边就开发布会造势抢购，摇号、缴纳“诚意金”卖顺序权——最关键的是那天晚上，董事长和销售

部长关在办公室待了很长一段时间，最后销售部长把各号门的价目表都公布出来，每平方米比一期上调了700元！至于有什么定价依据吗？啥也不要问了，给的就是结果，要的就是执行。

现在房地产看起来不好了。我说当年我看到一幅西方传播过来的“不可能图案”——巨石庙宇的楼台环廊，一队僧侣在环廊里鱼贯前行，问题是，看起来他们永远都是在蹬着台阶向上，向上、向上，环廊一圈一圈可以回到原点，但是地势却一阶一阶石级永远上升……我说看到这幅图案，我立即想到了中国的房地产：永远都在升值，一些专家、教授还都从理论上给做论证。好了，现在刘老板用脚投票，渐行渐远，不再进入这个行业了。资本，尤其是个人资本，通常是很敏锐的。

这回说好了，老刘的店开业不出3个月，只要没有大问题他的外甥马上关了网吧也开一家快餐店，然后老刘说“店铺还是你亲自来给他定吧”，哈哈，吃定我了。

找店的具体过程可谓是一波三折。实际上老刘心目中投资规模与实际店面的差距是不小的，而他要强好胜的性格又不愿意把话说开了，好在我很快摸准了他的脉搏，把店铺找到了——他看第一眼就觉得满意。

店址在青岛延吉路蔬菜批发市场商圈。这个蔬菜批发市场是青岛市内的最大的蔬菜市场。

在与加盟商透明沟通、确定店铺的综合定位之后，我们选店会充分考虑几个因素：

首先，是商圈人流状况，包括：（1）人流量；（2）人流集散时间；（3）人流动线；（4）年龄结构；（5）消费能力及意向等。

其次，是店铺背景环境条件，包括：（1）道路交通情况，有无单行线，是否修路等；（2）店铺朝向，视野是否开阔；（3）背景商圈的性质；（4）有无其他餐饮店铺等；（5）潜在市场需求。

再者还要看店铺本身的硬件条件，包括：（1）是否拆迁？（2）水、电、汽管线是否通畅？（3）招牌可否做得醒目？（4）物业有无特殊要求？（5）咨询房东一些问题，提出装修方面的协助条件等。

我们注意到市场附近有几家装修不太好的快餐店、拍档店，早餐、午餐都很火。——实际上，做餐饮有两餐做成功了就有可观的利润了。而我们选的店铺是一栋沿街居民楼的底商，左右紧邻已经开发成小型商务宾馆。隔着右侧宾馆有一家快餐店，生意也很火，尤其是早餐，因为这个宾馆前有一个公交车站，人流比较集中。

为了更加详细地采集数据，有利于下一步做开业策划，我专程到那个快餐店里面去考察了一下，找个借口把它的前厅、厨房、卫生间等地方都仔细看了看。

老刘看起来做事大而化之，但是对我的工作要求还是很高的，我呢一丝不苟地对相关环节做了认真的调查、咨询。看得出来，老刘比较满意，他已经流露出成功者的骄傲了，当然，我也很有信心。

结果却太出人意料：这个店不到3个月就关门了。

俄罗斯文学大师托尔斯泰在小说里写道“幸福的家庭都是相似的，不幸的家庭则各有各的不幸”。经营餐饮店铺也是这样，成功当然都是相似的局面，而倒闭有各种各样的原因。老刘的店铺有什么具体问题呢？说起来很简单。

事情是这样的，他的店开始很顺利的，只是后来遇到排烟问题，邻居不愿意他直接往后窗外排放。我建议他考虑往地下排烟，毕竟厨房是半地下的，气流会很顺畅地引向下水道，但是他觉得掘开楼基到下水道的那段路面会很麻烦。然后，我建议他积极找楼道的邻居们协商一下，做个管子引到楼顶去吧，他又说邻居们都不好说话。说是这个地方不允许排烟——我就让他去隔壁的快餐店看看，人家为什么就能做呢？

后来，公司两次派人上门去做工作，发现他的心态非常消极，在他那儿的阻碍比邻居更严重，好像这个店给别人带来了天大的便利，所以别人都要主动维护他才对。而要他对外界说一句恳求的话语就是很让他丢面子的，一点都不妥协。

总之，老刘转型的时候没有放下身段，一直抱着“我（曾经）很成功”的心态。所以，最后的结局就是很快关门大吉了。

其实：成功的人不是赢在起点，而是赢在转折点。

目 录

第一部分

中式快餐长长的过去，短暂的历史

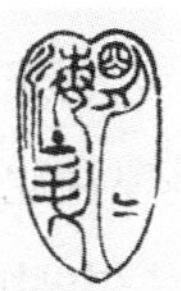

第一章　长长的过去

耳熟能详的一句话说："人吃饭为了活着，而活着不是为了吃饭。"

不是为了吃饭，是为了什么呢?

如果回答"是为了劳动"应该没有错吧，因为伟大的思想家恩格斯说"劳动创造了人"（恩格斯《自然辩证法》）。

中国古代的大思想家孟子也说："食、色，性也。"（语出《孟子·告子上》）。同样的意思，孔子说的是："饮食、男女，人之大欲存焉。"（见于《礼记》）但是，再究其实，《礼记》大约是战国末年或秦汉之际儒家学者托名孔子答问的著作。那么这句话到底是谁说的，又成了说不清道不明的糊涂账了，呵呵。既然这样，我们也不用去多想了，反正说明一件事，就是古代的中国人对吃饭这件事也是高度重视的。

因为我们不是在做专门的历史研究，所以选择主流的、通常的记载来做一些说明。下面相关资料的选录也都是这个原则，相信读者还是可以理解的。

第一节　中国古代一般饮食习惯

◎ 文字记载

关于中国古代人的吃饭模式，很早就有相关的文字，下面我们从时间、做法、吃法等看一看，所谓鉴古知今，看看对我们现代人有什么启发。

⊙ 其一

中国古代一天两顿饭，第一顿饭叫饔（yōng），又称朝食。古代以太阳在天上的位置划分时间，太阳位于天空东南角称隅中，朝食在“隅中”时间前，那个时间段叫“食时”大约是现在北京时间的上午九点左右。第二顿饭叫飧(sūn)，又称哺(bǔ)食。一般是申时吃——北京时间下午3~5点。

我小时候，秋、冬农闲季节农村有些人家变成一日两餐，美其名曰“顺应天时”，其实是那时候粮食匮乏加之没有什么劳动生产的体力耗费，就少吃一顿节省一点，若从这个事实出发考察古人的饮食习惯问题就清楚了。古代稻谷产量不高，柴草也缺乏，因此晚餐一般只是把朝食剩下的（或是有意多做的）热一热吃。近年我到晋、冀、豫几省交界的山区出差，发现这种每日两餐、晚餐吃剩饭而不另做的习惯还有保留。据说晋东南叫做“酸饭”，但是剩饭绝对不酸，我查《说文解字》（食部）看到“餕”字，我猜想大概“酸”就是餕的字形反串吧。

⊙ 其二

中国古代人吃饭是“分餐”的。许多上古文献或留存下来的器皿图案启示我们：古人吃饭是“跽坐”着，即双膝着地，每人面前有摆放饭菜的几案，即使只有两个人，也是分案而食。

到了唐代，“分餐制”逐渐演变为合餐的“会食制”，背后有个重要的原因是出现了高大的桌椅。

但是，直到明朝众人合吃的“会食制”才完全取代“分餐制”，并且餐桌上产生了讲究长幼尊卑、主副宾陪的一套饮食文化。

又所谓眼见为实，那么有没有实物证明呢？有。

据公开的报道，当代的人们看到过两千年前的具体食物。

我到湖南出差，有幸看到长沙马王堆汉墓出土文物展示以及文字资料——关于墓中出土的食物，所谓“有图有真相”，有兴趣的读者朋友可以自己到各种媒体查找更多资料，甚至实地参观。

汉墓里面出土了稻谷、小麦、大麦等多达11袋，甚至还出土了轪侯家吃的糕点。从一号墓的彩绘陶盒里发现了小米饼，是把小米捣碎或碾磨成米粉，加水做成饼状，然后蒸熟而成的。大概今天南方食物中的糍粑、糍饭团就是这样发展来的吧。

那时候湖南地区的副食基本是鱼、肉、蔬菜、瓜果，在马王堆汉墓中这些都有大量的出土。那些蔬菜虽然全部炭化了，但有的形状仍隐约可辩。最让我们惊讶的是出土一号墓的云纹漆鼎时，竟发现里面盛着2100多年以前的汤，在汤的表面还漂浮着一层完整的藕片。

资料还显示轪侯家肉食的范围也相当广泛，可以说，飞禽走兽、山珍海味，各种动物无所不包、无奇不有，其范围之广出人意料！

上面说长沙地质结构稳定，地下食物2100多年的汤在出土之时竟然完好无损；然而别处没有见到类似报道，大概是因为地质结构的原因吧，起码是之一。但是，这样不就成了专家所计较的“孤证不立”了吗？其实，我们还可以有很多实物证据，那就是古代做饭的炊具器皿。老百姓说“没吃过牛、羊肉还没有见过牛、羊跑吗？”根据这些炊具器皿，就可以推测那时候人们饮食的一般情况。

我们在网上点击“出土炊具”一下子显示了几十条不同地方的相关信息。按照贵族、小康、大众平民的顺序选录如下。

四川一工地出土青铜炊具，是东汉贵族厚葬品

2010年，宜宾市临港经济技术开发区螺蛳坡一处工地上，挖出了宜宾市出土的首套青铜炊具和5件青铜器。经专家鉴定，这些文物属东汉时期。

……

这些青铜器均为东汉时贵族的厚葬物品，有3个青铜鑑，1个青铜釜底、1个青铜甑、1个青铜钟、1个青铜铣。青铜钟上布满花纹，非常庄严美丽。

汉代“小康之家”墓葬现大连，出土微缩炊具

据介绍，这次出土的文物最为珍贵的是一件青铜盛器。据考古工作者说，青铜器这种比较珍贵器物的出现，证明墓主人当时生活在中等偏上的家庭。

话说古代炊具

古代炊具的发端，据文字记载可追溯到炎黄时代。《淮南子》载：黄帝作灶，死为灶神。1962年在江西万年仙人洞出土的，距今8000多年的绳纹陶罐，是迄今所知最原始的陶器，它兼有烹调、盛食两大功能。接着出现陶釜和陶鼎。古代常用的烹饪器物还有鬲、甑等炊具。甑作为蒸煮器具，可见古人很早就已充分利用器物形制以产生更好的蒸煮效果了。

到了秦汉时期，部分的铜鼎已演进为无足的铁鼎，这种鼎被称为镬。青铜时代，人们发觉铜锅比陶器结实，传热快；而到了黑铁时代，随着生产力的提高，铁器逐渐取代了铜器。铁制的釜镬等炊具轻薄小巧，更耐高温，新的条件下烹调得到了更大的发展。

从陶罐的问世到各式铁锅的使用，古代人们不断创造着日渐丰富的饮食生活。

第二节　快餐的萌芽

我们开篇的主旨是说“快餐”，那么历史回顾的主要篇幅当然要针对一些“简便、快速”的食品，下面还是集中到主题上来吧。

◎ 军营和工程（非常时期）

古往今来，人类社会活动中最讲究效率的应该是战争（或大工程），而且战争和工程中的很多东西往往是社会生活的先端，至今也是，比如高科技的产品往往是军用转民用，现在我们看看战争和工程中的饮食。

⊙ 锅盔的传说

关于锅盔，我曾经在陕西好几家小吃店看到类似的故事。

说起锅盔的来历，还有一段有趣的故事。传说唐高宗李治和武则天在位时，朝廷在奉天县城北的山梁上为他俩修建合葬陵墓。那时候，建筑陵墓的工程非常浩大，一下子聚集了约两、三万能工巧匠和民夫。为了施工安全，监工大臣请示用薄铁特制了一种铁盔帽，发给民夫们戴在头顶。由于工程要求紧迫，民夫众多，吃饭成了问题，监工大臣就直接把面粉发给民夫，让他们自己用头盔烙馍。吃饭难的问题就这样解决了。工程进行时，一天武则天带着文武百官到工地察看，当时正逢吃午饭，工地上飘着香喷喷的馍味。随行大臣拿过一片烙馍，尝了尝，觉得很香，他就挑了一片火色均匀的拿给武则天尝。武则天尝了一口，十分好吃，便把剩下的分给大臣们品尝，大家都赞不绝口。

很快，锅盔馍的做法传到千家万户。其后历经改进，成了今天用平底锅烙的锅盔。

◎ 社戏集会（节日）

社戏聚会的记载，在中国历代流传的诗文、报道中比比皆是。

长峪城唱社戏的传统最早可追溯到明朝永乐年间，至今已有近600年历史。每年正月和一些农历传统节日，村中都会上演社戏，主要是一种大众娱乐聚会活动，同时也祭拜一下土地爷等各路神仙。

鹅湖山下稻粱肥，豚栅鸡栖半掩扉。

桑柘影斜春社散，家家扶得醉人归。——唐 · 王驾《社日》

中国古代有两次祭祀土神的日子叫作春社和秋社，分别在春、秋季节举行。在古代，老百姓把他们对减少自然灾害、获得丰收的良好祈愿通过作社活动表达出来。同时也借以开展娱乐，民众在社日集会竞技，各种各样的作社表演异彩纷呈，大家集体欢宴、尽情欢娱。

下面这首古诗，也是写社日情景的，只不过一般我们见到的是他的前面部分。

莫笑农家腊酒浑，丰年留客足鸡豚。

山重水复疑无路，柳暗花明又一村。

箫鼓追随春社近，衣冠简朴古风存。

从今若许闲乘月，拄杖无时夜叩门。——宋 · 陆游《游山西村》

端午节，在中国有2000多年的传统了，因为幅员辽阔，民族融汇，各种各样的起源传说，由此不仅产生了众多大同小异的节日名称，并且各地的节庆习俗也各有各的不同。饮食方面常见的有饮用雄黄酒、菖蒲酒，吃五毒饼、咸蛋、粽子以及时令鲜果等。

◎ 古代市场（平时）

目光再回到日常生活，毕竟这才应该是人类社会的常态。

⊙ 古代市场的发展概况

唐代后期“市”的制度受到巨大冲击，这是历史的进步，相应的餐饮行业也必然会有业态更新。

考古发现城市是人类社会生活的中心，商业繁荣也是与城市联系在一起。古代城市随着商业贸易而发展，不同的风貌随之呈现。

1. 西周至唐朝，“市”设立于县治以上的城市。

西周至唐代，县治以上城市，皆有官设之“市”为交易场所，由“市令”或“市长”管理。“市”置于城中的，围以墙垣与民居分隔。市场商业交易由官府直接管控。县城以下，一般禁止设市。这个历史时期，商业贸易和市场的规模不大，城市主要是政治中心、军事重镇。

唐代长安城承袭了西周以来的城市布局，但是建制更加完善，形成了整齐划一的坊市。

2. 宋代开始，打破坊市界限。

商品经济的发展势不可挡，到了宋代，坊市界限难以存在，市墙、坊墙均被拆毁，恰如“废井田、开阡陌。”“市”纷纷出现在城中，面街而起形成街市。

宋代开始，禁止设市的城郭乡村，被允许置市贸易。不再由官方统一规定市的启闭时间，出现了夜市、晓市，乃至鱼市等。

由于不再受官府的直接管控，“市”的经济功能大大增强，商业活动呈现出前所未有的繁荣景象。

⊙ 看看具体的“快速食品”

注意下面所引的这段文字，有个“立办”名称，这一定是以偏概全了，所谓“可立办也”只是一句描述，怎么就成了专门称呼了呢？这个现象就像有些地方的民俗，给孩子起名不讲究。某天生了个宝贝儿子，老婆要老公给孩子起名，他急了，慌慌张张地踱到门外，正好碰到一个卖瓦盆的，冲着他喊了一嗓子：“好盆，来一个！”这下子解了围，他回去就说了：儿子就叫“盆儿”。——那一带都这么给孩子起名，学者们说这就是地方文化。

在唐代，市场上有一种所谓“立办”的酒席，这个“立办”，可以看作唐代的快餐。李肇的《国史补》有个记载：某一天，吴凑忽然被唐德宗召见，朝廷让他去做“京兆尹”，还要立即上任。赴任前，吴凑邀请亲朋好友到家中祝贺，时间虽然很仓促，但是客人应邀到来时，桌上酒菜齐备。看到有些客人大惑不解，吴府的人解释说：“两市日有礼席，举铛釜而取之，故三五百人之馔，可立办也。”

到宋代，东京、杭州等地的市场上所谓“逐时施行索唤”和“咄嗟可办”的那种餐饮比比皆是，简直就和现在的方便快餐一样了。

那么，到了宋代为什么彼“立办”又改名为此“咄嗟可办”了呢？这个问题学者们没有明确说明，不过引证的古书倒也不少，显得文化背景开阔了许多，两宋和大唐相比，毕竟是时代进步了。

《都城纪胜》记载当时宋朝市场上已有供应众人四时点心的“荤素从食店”，它的宗旨亦是“任便索唤，不误主顾”。而且饮食花样繁多，各式馒头、饼、小食品、糕、裹蒸米食、炙鸭熟食应有尽有，多达百余种。宋话本《宋四公大闹禁魂张》对其“熬肉”的吃法曾有描写：“解开熬肉裹儿，擘开一个蒸饼，把四五块肥底熬肉多蘸些椒盐，卷做一卷，嚼得两口。”这种“熬肉”是一种无盐熟肉，可合蒸饼吃，随处可买得，也是专为旅行、有急事之人制作的方便快食。

清人李光庭的《乡言解颐》里有言：“河北林亭有红、白事家，日至数十席，惟王姓厨父子兄弟三四人，通力合作，绰有余裕。其时席面用四个大碗、四个七寸盘、四个中碗，四大八小，所用的鸡猪鱼蔬，必整必熟，没有生吞活剥的毛病，真是置办快餐的能手。”

◎ 达官贵人——平民百姓（食品创新）

不得不承认，对美食的研究是温饱解决之后的事情，因此在这方面中国历史上的达官贵人更值得注意。当然，社会进步到近现代之后情况又发生了变化，平民百姓的需求开始越来越受到重视。

⊙ 关于现在到处可见的方便面

传说，最早的方便面，是中国扬州一位姓伊的知府家中的厨子制作的。知府家常有访客，备餐没有时序，厨师把鸡蛋加入面粉中，做成细丝，水中一煮，再放入油中炸透晾干。这样处理过的面条随时可以放在热水中泡软，供客非常方便。

这就是方便面的发明。方便面能够节约人们时间，适应了现代人生活的快节奏，其贡献不可忽视的。

⊙ 还有另一种说法

方便面又叫伊面，泡面。结合了传统的面条和拉面，再加入一些食用油，经过脱水处理，最后变成了现在的方便面。方便面在20世纪90年代初的日本流行非常之广。

伊面的来源：曾任广东惠州太守的清代书法家伊秉绶，他家中常聚集文人墨客吟咏唱和，厨师往往忙不过来。伊秉绶于是让厨师用面粉加鸡蛋掺水和匀后，制成面条，卷曲成团，晾干后炸至金黄，储存备用。客人来了，只要把这种面放到水中一煮加上佐料即可招待客人。一次，诗人、书法家宋湘尝过这种面觉得非常美味，便说：“如此美食，竟无芳名，未免委屈。不若取名‘伊府面’如何？”从此，伊府面流传开来，简称为“伊面”。这伊面就是现代方便面的鼻祖。

再看下去，上面这位恐怕要很气愤了，呵呵，然而“我反对你的观点，但我誓死捍卫你说话的权利。”这句法国启蒙思想家伏尔泰的名言，也许可以成为我下面所引资料的注脚。毕竟真理是需要自由讨论的，好像可以说真理越辩越明。

方便面是日本日清食品公司的安藤百福发明的。这一发明使日清公司一跃成为食品行业的明星企业。在这其中，有着许多有趣的故事。

开发选题

1959年，安藤百福经营着一间小食品作坊。他是一个思想活跃、不安于现状的人，总思考着如何将自家的买卖做好做大。

安藤百福每天都要乘坐电车，看到许多人在车站旁的饭馆前排队，等着吃热面条。有一天他突然灵机一动：如果能生产一种“只用开水一冲就可以吃”的面条，估计居家、旅行者都会愿意大量购买。于是，他毅然确定了开发“方便面条”的课题。

实现设想

安藤百福马上投入发明试验。他买来一个轧面机，在众人的怀疑下开始了方便面条的创新。

为了实现“方便、简易”，他想到“油炸”，这样，可以很快就把面条炸干，便于贮存。面条在油炸后自然会出现很多细孔，这些细孔在热水浸泡时起到吸水作用，可以使方便面很快变软，油炸后的面条味道还会更好。在这期间，他还发明了添加调味料的方法，使自己的方便面味道鲜美、可口。

经过长达 3 年的苦心钻研，安藤百福终于研制成功了“鸡肉方便面”。1962 年，安藤百福的日清公司获得了制造方便面技术的专利权，方便面开始进入市场，这种新奇的商品很快赢得了部分顾客。

意想不到的宣传

任何新产品的市场开发都会经历一个“市场周期”，表现为：开发期、市场上升期、市场成熟期和衰退期这 4 个阶段。

经过几年的发展，安藤百福的方便面销售额在逐渐增长。此时，公司的市场研究部门提出，在方便面的消费群体开发方面，应当着重外出旅行人员。为了拓展这一部分市场，日清公司于 1971 年又研制了碗装方便面，这种方便向可以为外出旅行人员提供就餐时的容器这样更加方便。

但是，这种产品进入市场之初并未得到市场认可。由于碗装方便面的价格是袋装方便面的 3 倍多，经销商们都不愿意销售。日清公司不得已只得将库存的碗装面以低价格卖给日本的警察局，方便警员在外出执勤任务时食用。

1972 年的冬天，日本发生一起重大的刑事案件，全国各大电视台纷纷进行实况转播。电视观众看到在寒风凛冽的破案现场，警察们吃的竟是碗装方便面。由于这个实况转播收观率非常高，意外出现在屏幕上的碗装方便面一下子妇孺皆知。此后，碗装方便面的销售量猛增。一件突发事件竟成为了方便面的活广告，这是日清公司始料不及的。

引发的思考

从1959年开始研究开发方便面，到1962年进入日本市场，1971年碗装面在日本上市，至1980年左右方便面登陆中国市场，如今已行销世界。从方便面的巨大成功，人们或许可以得出以下启示。

如何使自己的发明得到社会承认，成为行销市场的热门商品，是每一个发明人都在思考的问题。

从方便面的发明可以看出，发明者找到了发明与社会需求的交汇点，方便面的市场开发空间涉及社会大众的日常生活必需，因此，市场开发空间相当大。这是方便面能够获得市场成功的重要原因。

简易、效率是方便面必备的品质。这种品质可以体现在该产品的生产制造过程，也可以体现在该产品的使用过程。

是金子迟早会发光。从碗装面遇上了电视直播后，立刻火爆市场的事例可以看出，每个发明人只要经过理性的分析，认定自己的发明具有开发价值，就应耐得住寂寞，等待或创造机会，最终将自己的发明推广出去。

机会总是垂青于有准备的人。

第二章 短暂的历史

第一节 失败的开拓

◎肯德基与荣华鸡

据我们搜索到的信息，荣华鸡可以称为国内最早的“中式快餐连锁企业”，只可惜这份辉煌如同烟花一样灿烂，也如同烟花一样短暂。

成立于1991年12月28日的荣华鸡快餐公司，以其适合中国人的口味和比肯德基更便宜的价格，受到了消费者的欢迎。

1. 关于荣华鸡的基本信息

公司刚成立的头两年，最高日营业额达11.9万元，月平均营业额达150万元，两年累计营业额达1500万元，职工两年内发展到近300人。全国有北京、天津、深圳等24个省市地区纷纷向荣华鸡发出邀请，欢迎荣华鸡落户。新加坡、捷克等国外商也要求荣华鸡飞出国门，让中华民族的烹饪文化在异国他乡开花结果。1994年，荣华鸡在北京开了第一家分店，并声称：“肯德基开到哪，我就开到哪！”

2. 与肯德基的竞争

挑战“肯德基”的大旗竖立起来，一时间门庭若市，效益最好的黄浦店，一年仅利润就300多万元。从黑龙江到江西，南北都有红底白字的“荣华鸡”的分店。在有些地段，荣华鸡的生意超过了肯德基，让中式快餐店扬眉吐气了一番。可随着时间的推移，荣华鸡在与肯德基的较量中逐渐落入下风。2000 年，荣华鸡快餐店从北京安定门撤出，荣华鸡为期 6 年的闯荡京城生涯，划上了个不太圆满的句号。与此形成鲜明对比的是，2000 年当年肯德基在中国 23 个新城市里就新增开了 85 家连锁店，并正式宣布其在中国的连锁店第一次突破 400 家。2000 年 4 月《亚洲周刊》刊登了世界著名调研公司 AC 尼尔森公司在中国 30 个城市所做的一份调查：在“顾客最常惠顾”国际品牌中，肯德基排名第一。有统计显示，它在中国的营业额接近 40 亿元人民币，而它在全球的营业额更是达到了 220 亿美元，居世界餐饮业之首。

3. 原因分析

作为一个烹饪大国，中国有着几千年美食文化的传统；而且中式快餐能为百姓提供更符合大多数消费者饮食习惯的食品和服务，本应该在市场竞争中占据上风，可这么多年下来，洋快餐稳扎稳打，占据了越来越多的市场份额。为什么中餐在快餐的打拼中，我们却屡屡以失败告终呢？快餐的三大要素不外乎方便、美味和价格便宜。在这三点上，荣华鸡和其他国产的以鸡为原料的食品并不逊于洋快餐，但为什么在实际竞争中“土鸡”干不过“洋鸡”呢？有人说，汉堡、炸鸡虽未必是垃圾食品，但味道也不过稀松平常，尚不足与我博大精深的中华美食相提并论；从价格上来说，荣华鸡比肯德基要便宜；而方便呢？也没什么太大的差别。那么，肯德基、麦当劳到底有什么魔法，让我们这些对其食物本身并不看好的中国人隔三差五地进去坐坐？为此，曾有各种各样的说法，华荣鸡负责人认为，包括荣华鸡在内的中式快餐与洋快餐较量落于下风的根本原因，在于细节。

创立荣华鸡的新亚集团的领导层对经营方式、竞争优势进行了一番反思。他们发现，说到竞争优势，产品只是一个表面现象，在产品背后有很多深层的管理方面的东西。

新亚集团是上海旅馆业、餐饮业中最大的集团公司。集团内国家级的厨师大概有几百名；要说产品开发能力，吃的口味，肯德基绝对比不过荣华鸡，那问题究竟在哪里？问题在于这些名厨。这些名厨都是手工化操作，教徒弟没办法标准化。严格说来一个厨师如果昨天晚上多喝了一口酒，今天做出的菜的口味可能不一样；今天早晨如果多吃了一点咸菜，与昨天的口感又不一样。所以，每天烧出来的菜口味是不一样的；教出来的徒弟也不一样。因而，食品就没办法根据一定的标准进行批量化生产。

新亚集团认识到：肯德基的真正优势在于其产品背后的一套严格的管理制度。肯德基在进货、制作、服务等所有环节中，每一个环节都有着严格的质量标准，并有一套严格的规范保证这些标准得到一丝不苟的执行，包括配送系统的效率与质量、每种佐料搭配的精确分量、切青菜与肉菜的先后顺序与刀刃粗细、烹煮时间的分秒限定、清洁卫生的具体打扫流程与质量评价量化，乃至于点菜、换菜、结账、送客、遇到不同问题的文明规范用语、每日各环节差错检讨与评估等上百道工序都有严格的规定。比如肯德基规定它的鸡只能养到七个星期，一定要杀掉，虽然养到第八个星期肉长得最多，但肉的质量就太老。包括荣华鸡在内的所有中式快餐，恐怕就没有考虑到，或者即便考虑到了也没有细致到这种份上。这正是荣华鸡在与肯德鸡的较量中败走麦城的原因。说到底，中国餐饮企业不能简单地从产品质量和结构来看竞争优势。竞争优势归根结底是管理的优势，而管理的优势则是通过细节来体现的。肯德基就有这种把细节融入到经营管理中的标准化的东西。

通过仔细推论荣华鸡领导层的反思，应该说我前面的一个判断是不成立的，即“荣华鸡可以称为国内最早的‘中式快餐连锁企业’”这句话，严格地说荣华鸡只是在形式上具备了连锁企业的样子，而本质流程的科学化、标准化它是没有的。

但是，毕竟内容与形式又是互相依存、互相影响、互相促进的。荣华鸡能够在形式上走上快餐连锁的路子，其筚路蓝缕是值得敬佩的，如果没有它呢？——当然，有人会说当时的趋势是处于加速前进状态之中，如果没有荣华鸡还会有振华鸡、兴华鸡、华华鸡等；或者是荣华鸭、荣华鹅、荣华鱼……够了，事实是恰恰是荣华鸡给我们带来了这个问题。

这个问题要在第二个阶段解决。简单地说，就是“前进中的问题，要靠发展来解决”。

第二节 顽强的跟进

◎ 地方小吃暂时补位

20世纪90年代的中后期，地方小吃开始中兴起来。社会中的事物发展都与社会整体发展水平相关联，随着改革开放，经济得到了快速发展——全国人民“有的吃”了，然后自然而然就会考虑“怎么吃”了。怎么吃呢？大范围来看，是各地方小吃自发地丰富了这段历史。

⊙“地方名小吃”的评选与推广

地方名小吃自古就有吧？真希望有心人翻遍古书给我们整理一本这方面的著作出来。地方小吃有什么评价、命名标准码？过去皇帝御笔题字的地方小吃不少，但是皇帝尽管自称真龙天子，毕竟也是人不是神，而个人好恶总有随意的地方，没有真正的代表性，甚至我觉得他们这方面还不如历代的文人墨客更有代表性，因为后者更接近实际生活。

我曾经听人争论“八大名酒”的明细，争得一塌糊涂，后来也不知道他们公说公有理婆说婆有理的争论最后咋了的局。

其实这个问题说难也难说简单也简单。

1952年，中国历史上第一次全国性评酒会在北京举行，全国的酿造专家、评酒专家和学者，从数以万计的名酒中，评选出了八种国家级名酒：茅台酒、汾酒、西凤酒、泸州老窖特曲酒、绍兴鉴湖黄酒、红玫瑰葡萄酒（张裕）、味美思酒（张裕）、金奖白兰地酒（张裕）。——原来中国最初的“八大名酒”有一半不是白酒。

此后，又有四次全国性评比，以下数字都是白酒：1963年（北京）8种，1979年（大连）8种，1984年（太原）13种，1989年（合肥）17种。

毕竟都是大餐饮的范畴，白酒的兴衰也可以想见地方名吃的荣辱起伏。当然了，好像因为传统文化的原因，白酒更容易得到集中评选，有操作性和实用性。回顾一下，可以发现改革开放初期，名酒评选频率加快，生活消费品开始受到重视。

下面我们选一个省会城市作为标本，看看一些直接与地方小吃有关的资料。

从国家对餐饮业发展的态度来看，商务部出台《全国餐饮业发展规划纲要（2009～2013）》，其中指出要“加快推进大众化餐饮的规模化发展，促进食品的标准化”。这一纲要的出台无疑从宏观上为地方小吃业的发展创造了很好的机遇和市场环境。而济南地方政府近年来也在逐渐加大对地方小吃的关注度：2006 年由济南市政府提出的“老济南美食街”正式开业经营；济南市贸易局办公室于 2008 年 1 月份下发了《关于在济南市开展名优风味小吃评选认定的通知》，在整个济南市内，对各地区送审的小吃由专家进行免费评定。这些措施为济南地方小吃树立品牌、扩大影响力提供了较好的市场环境，同时也为其标准化提出了更高的要求。

酱肚张、奶酪魏、年糕钱、羊头马、豆腐脑白、茶汤李、恩元居、小肠陈等小吃过去均是沿街串巷叫卖或摆小摊的。这些小吃虽然历经百年沧桑，陪伴了几代人成长，但至今仍是家庭式小作坊经营，没有成规模和有计划地滚雪球发展。在泉城每家每户小吃店内都能见到家族式经营的身影。

此外，老一辈手艺人至今一直坚守着“传男不传女，够吃够花就得了”的求稳心态，大多数人总和周边邻居、商户、同行比较，形成了小视野、小观念，思想保守、固执。

因为老济南传统小吃几百年来一直没有完成原始积累阶段，造成其经营场地、企业规模、思维方式等一直处在百年前原始状态。许多继承人也没有珍惜自家老字号品牌，求稳、保守、顺其自然的观念随着经济的快速发展越来越与社会脱节，靠小吃利润既承担不起高额的房租，更雇不起有能力的人才，总是“等政府、靠帮助、要政策”甚至 90% 的各小吃连自己的品牌都没有注册，有些甚至连营业执照都没有。

小吃的意义在哪里呢？“童年的美食记忆”确实是保留在每个人心灵深处的一根轻弦，不要说伸手弹拨，就是偶然有外界同频的声音响起来，它就会发出扯心扯肺的共振，如大家都不会忘的“黑芝麻糊”的儿童广告画面。乡愁不是我们经常听说的“愁情烦事别放心头”的那种愁，乡愁是“可怜九月初三夜”的那种可怜（可爱）之感，而美食记忆应该属于乡愁的一种。我曾经对朋友说：这些年我越来越疏离故乡，但是每次回去，在我们县汽车站下了车就去吃一碗“商河老豆腐”——我不是为了饱腹，是为了暖心啊——那是我童年时候吃过的美味，在岁月中历久弥香。

⊙ 东进与北上

这个时期，真正在市场上获得大面积推广的，或者说自发的占领市场成功的，呈现出“东进”与“北上”两大趋势。

兰州拉面、山西刀削面自西向东推广，沙县小吃、云南米线自南向北蔓延。

具体以山东省会济南市为例吧。

在济南，山师东路[1]是一条不长不宽的小街道，但是它至少曾经是一代人的“美食街”。1993 年的时候路两边还是地摊棚子，陆陆续续地进来一些商河老豆腐、泰山烧饼、老济南把子肉，各种八宝粥、拉面、刀削面等；到 1994 年美食街成型了，以拉面为主。

也是 1994 年，秋天，我和朋友到泉城路玩，中午在皇亭体育场前面的路边摊吃饭——泉城路啊，现在看看，反差是不是有点大呢？反正那时候泉城路边大树底下接二连三的扯着棚子，摆满小吃地摊儿——就在现在奢华的世茂大厦的位置。我记得那天中午我们是在其中一个摊子买的泰山烧饼，拿着走了几步来到一家相对干净的刀削面棚子里坐下，面还没有上我们就着热乎乎的烧饼先吃了人家大半碗油泼辣子末。那一碗辣椒末切得都有黄豆粒大小，均匀不说了，火候更讲究，炸得刚刚变焦发黄，碗底的油红亮红亮的，香。

我记得很清楚，那老板端过面来，忽然扯着原汁原味的陕西腔问我们：“你们是四川人吗？”

[1] 2017 年济南市为迎接“双创”验收，组织“拆违、拆临”活动，山师东路美食街被全部拆除，拓宽为道路和绿地。

我们说：“不是啊。”

他犹豫了一下：“要不这面不要钱，你们给我辣子钱吧。”

也许是因为我们那次吃得太狠，从此以后再也见不到小桌上摆那么好的调料了，任何地方都见不到。

然后，不几年，拉面势头正旺的时候，各种米线也春笋一样地起来了。

至今各种面和米线充斥济南的大街小巷。

其实济南是一个缩影，大至能看到大半中国城市的变迁吧？

◎“真功夫”独秀

我觉得“真功夫”确实有真功夫，值得好好地记一笔。

人要想进步就要扬长避短，就要认真学习别人的优点、改正自己的缺点，革故鼎新。

在这个意义上说，“真功夫”是中式快餐的骄傲。是发展方向。

真功夫餐饮管理有限公司（Kungfu），被誉为中式快餐第一品牌，是中国快餐行业前五强中唯一的本土品牌，坚持“营养还是蒸的好”的品牌定位，主营以蒸品为特色的中式快餐。1990年在东莞长安创办，历经初创期、标准化运作期、品牌运作期、资本运作期，实现了由个体企业向现代化企业集团的飞跃。到目前真功夫门店数量达600多家，遍布全国近50多个城市，在中国市场上成为和肯德基、麦当劳鼎足而立的“快餐三巨头”。

真功夫餐饮管理有限公司，是国内首家实现全国连锁发展的中式快餐企业，是中国快餐行业前五强中唯一的本土品牌。

1990年，于东莞长安镇创办了168甜品屋。

1997年，真功夫自主研发电脑程控蒸汽柜，全球率先攻克中餐“标准化”难题。探索出中式快餐发展的新路，实现了整个中餐业“工业化生产”“无需厨师”“千份快餐一个品质”的夙愿。

“168蒸品店”更名为“东莞市双种子饮食有限公司”，开始走上连锁扩张之路，第一家“双种子”蒸品餐厅在东莞虎门镇开业，这也是全球第一家实现了“标准化”的中式快餐餐厅。

1999年，制定出中国餐饮业内第一套界定操作规程标准化的《营运手册》。“双种子”走出东莞，进入广州、深圳。次年，投资5000万元在东莞长安建立了华南后勤中心。

2003年4月，正式成立企业管理学院。

2004年，双种子公司确定企业总体发展战略，并将品牌名称改为“真功夫”。6月19日，第一家“真功夫”原盅蒸饭餐厅在广州开业。

在发展过程中，真功夫创建了中式快餐三大标准运营体系——后勤生产标准化、烹制设备标准化、餐厅操作标准化，在品质、服务、清洁三个方面，全面与国际标准接轨。2006年，真功夫通过了HACCP食品安全管理体系及ISO 9001质量管理体系的国际认证，2008年通过了ISO 22000标准认证。

……

作为国内首家全国连锁发展的中式快餐企业，真功夫拥有华南、华东、华北三大后勤中心，负责所有餐厅食品的采购、加工与配送。到目前真功夫门店数量达到600多家，遍布北京、上海、广州、深圳、武汉、杭州、成都、长沙等50多个城市，其规模持续领跑中式快餐行业。

真功夫坚持“营养还是蒸的好”的品牌定位，受到众多喜欢中式菜肴的顾客的喜爱。随着分店数量的增多，真功夫将为更多关注健康、追求生活品质的城市白领们提供持续稳定的高品质食品和美好的用餐体验。

第三节　电子媒体推波助澜

我们前面分析了电商对传统行业的巨大冲击，服装行业的生产背景虽然没有受到太大影响，但终端门店却遭到了毁灭性打击；那么餐饮业则正好相反，实体店铺受到的影响不大，而背后的生产体系却受到了革命性的冲击。

最大的变化是在培训经营者的体系之中出现了一种工业化模式，这是前无古人的。

过去开店，一般是家族中有这样的传统，或者被餐饮方面的师傅慧眼相中为弟子，然后经过长期言传身教，终于磨打出一手烧菜的绝活，再经年累月摸索到一套经营菜馆的招式，最后自己独立开店。

而现在呢，想创业的人先打开电脑（或者手机）到网上随便一搜，乌泱乌泱的项目信息就涌来了，不仅仅是传授技术，更是输出整体的经营模式；然后就是签约缴费，剩下的又有加盟公司全程参与协助、具体指导。

当然，电商不可能触动一些根本原理，“同行不同利”的规律是依然存在的，这个需要到本书第二部分去具体解析。另外，连锁加盟的具体模式也有不同设计，这些我们到第三部分做详细的讨论。这里我们没有把连锁加盟和特许加盟做严格的界定，只是概况地把这种新的现象称为连锁加盟，希望读者不至于产生误解。

◎ 触目横斜千万朵

⊙ 总的形势

荣华鸡、真功夫之后，餐饮业的快餐（含简餐）业态方面出现了各种各样的做连锁加盟推广的公司，近几年，就其影响来说大概可以画一个线索。

首先，北京地区，我们不得不承认“近水楼台先得月”啊，荣华鸡溃败之后，有些“聪明人”开始组建一些真正的皮包公司，卖“概念”发大财。他们往往在写字楼装修一间精致的办公室，然后大量发布电子信息，引诱各地有意向投资创业的人来参观考察；考察的人来了之后，他们殷勤地招待吃美味的快餐，说是实际体验；然后海阔天空地画一张大饼，催眠一样地让创业者乖乖地交钱，买到的只是他们印制的一大本资料。至于回去能不能做好？天知道。

其次上海。按照时序来说，上海的加盟公司出现得晚一些，上海一些加盟公司的做法精致一些，首先在招牌名称上就下了功夫，比如“第一”“国优”等谐音，至于服务内容初期与北京的没有质的差别。

渤海一线。据我们掌握的资料，地方上（一线城市除外）最早出现的中式快餐连锁加盟公司在秦皇岛，做包子的。据我们上门考察——他们不忌惮同行登门考察，这一手很让我敬佩。他们的有些高层在北京的大企业做过，看来是受了北京的影响，并且服务有所改进。

济南紧跟。济南紧密地跟上了发展趋势。其实济南最早成模样的中式快餐连锁加盟公司创始人是从东北过来的。

南方几点。我没有做很详细的检索追溯——到底南方的几个品牌与济南的出现的先后关系如何？相差具体多少时间？——现实是这段时间南方也出现了几个中式快餐连锁加盟品牌，例如原来的肥西老母鸡，x 大嫂水饺，来必堡等等。

西部、成都。虽然前面说的兰州拉面、陕西肉夹馍、山西刀削面等早就流行了，但是典型的连锁加盟公司的模式要出现得晚一些。本来风气初开时，成都等不多的几个古城都有可能很快推出自己的中式快餐品牌，但是他们慢了一拍，等到第二轮（东部开始分化出更细致的三种加盟服务模式之后）成都的加盟品牌才推出来。

⊙ 基本状况

全国，各地陆续填补空白，出现很多加盟品牌。

山东省，继续蔓延，青岛、淄博等出现加盟公司。

济南市，三大加盟公司确立地位，其他同类型的小型公司纷纷成立——注册或不注册。

◎ 赏心唯有两三枝

所谓“触目横斜千万朵，赏心唯有两三枝”，很多时候很多领域都一样，有特色的模式不过那么两三种罢了。

⊙ 台湾地区，永和（总代模式）

⊙ 宁波，来必堡（立足一方）

来必堡是一种综合快餐，产品线也是丰富多彩，这方面与北方没有本质的区别。出餐方式（收款、取饭菜饮品等）是超市模式。

⊙ 济南，禾言己系列（全面开花）

除了具体的公司操控的问题，就产品而言济南的“禾言己系列”倒是值得介绍的。

第二部分

中式快餐业如何发展、定位

第三章　分类体系

这一部分我们开始考察现实中中式快餐的具体运营环节。

第一节　餐饮业态分析

在前言部分我们简单地提示了餐饮行业的不同业态，现在我们要做详细的分析考察。人们观察事物一般分为内容和形式两个方面，餐饮业态也完全可以按照这个思路进行解析。

根据实际情况，我们分别划分出相应的五个具体业态形式与类型的类别。按照哲学家的某种说法，事物是无限可分的，但是我们本着简便、实用的原则——幸亏哲学上还有一把“奥卡姆剃刀”——就是不多不少给它划分成五层次。

最后，在这个分析的基础上，我们明确划定“中式快餐”的具体概念。

◎餐饮形式：地摊，大排档，标准快餐店（休闲主题餐厅），快捷酒店（农家宴、生态酒店与其他），星级酒店

⊙ 地摊

就是城市里大街小巷流动的小地摊，地摊摆卖的东西五花八门，都是小物件，卖吃的也是其中一项，并且所占比例很大。

⊙ 大排挡

大排档可以是一个笼统的称呼，包括大小规模的各种市场上的摊位，还有一些路边的小门面。具体到餐饮方面，泛指美食城、美食街里的档口，也包括一些小区、路边的店铺门头，规模不大，夫妻店，或者 3~5 个服务员，装修简陋，甚至没有装修。

⊙ 标准快餐店（休闲主题餐厅）

前言提到西式快餐的影响，随后兴起的各种快餐店越来越主动地接受这种影响，中式快餐经过起起伏伏，终于与国际接轨了——标准化、程序化、量化这些方面都有质的飞跃，

注意，随着快餐厅的急速发展，逐渐分化出“更快和稍慢”两种类型，都把自己叫做快餐厅，而后者主题、休闲的味道浓厚一些。

⊙ 快捷酒店（农家宴、生态酒店及其他）

国家对酒店有个“评星标准”，我们把星级以下的酒店都称作快捷酒店，快捷酒店的消费单价、消费时间、消费时长、消费目的都与快餐店不同。

近年兴起的农家宴餐厅（农家乐）也是一种简化的酒店；至于“回归大自然”的城市生态酒店虽然装修投入不小，但好似特意与星级酒店有所区别，而更接近原生态的农家乐，所以属于快捷酒店。

还有一种我暂时把它放在快捷酒店这个层次里，就是特色文化主题餐厅，如庙观素斋餐厅等。

必须声明：一些打着快捷酒店名义的私人会所、私房菜馆不在此列——聪明的你，懂的。

⊙ 星级酒店

星级酒店就是根据正规的官方标准评选出来的那些酒店，这些酒店的菜品都是成系列的。此外也包括某些私人会所、私房菜馆等，但是这些地方的消费与大众消费相距甚远，此处不多谈论。

◎餐饮类型：家常菜，地方小吃，大众快餐（含新式饮品），特色便宴（风味餐、斋饭），流派菜系

⊙ 家常菜

家常菜是指家庭日常制作食用的菜肴，就是家里日常做的菜——到了做买卖的环节，也只是把个人摸索的一些做法稍稍推广一下，其本质还是自我任意发挥，觉着怎么好吃、好卖就怎么做。

⊙ 地方风味小吃

“舌尖上的中国”播出后，引爆了国人对地方小吃的关注，其实许多年来各地一直都有“传统地方风味小吃评选”等活动，其记载竟然可以追溯到：《书·禹贡》：“包　菁茅。”《左传·僖公四年》：“尔贡包茅不入，王祭不供，无以缩酒。”

此后，漫长的封建社会，各地争相给皇帝纳贡，真的都是当地的特色好东西，乃至到了现在一些广告动不动就贴上“皇室专供”“御用”“皇封”等标签，以说明其好的程度。这些，大多数是地方名优吃食，其中经过人为加工的那些作为风味小吃传承、积淀了下来。

⊙ 大众快餐（含新式饮品）

有人说大众快餐是最没有特色的，或者说它的特色就是没有特色——不太咸，也不太淡；不太酸，也不太甜；不太辣，也不太腻；不太热，也不太凉，做遍全国都一样——一样的不好吃。

注意了——虽然它不好吃，但也一定不难吃。

实际上，经常有人发出“众口难调”这样的感慨，而大众快餐偏偏是“明知山有虎偏向虎山行”的，表面上它折中了大众的不同口味，形成一种比较平和的风格；而实质上它依据营养学的研究成果，有一套广泛适用的搭配比例，并且以标准化生产的形式固定下来。因此，大众快餐的整体生产流程里面一定会尽可能增加工业化生产的成分，这才是它的最大特色。

⊙ 特色便宴（风味餐、斋饭）

特色便宴就最直接的产生途径而言，它就是流派菜系之中的某个（几个）极有特色——口味特色和操作特色的菜品，将其单独拿出来，再开发出系列的口味变化，或者改进生产方式使其更加便捷一些，这样就形成了一种新的出产方式，然后单一或者复合推出，形成规模，使其成为一种业态。比如，单一的开发可以看黄焖鸡快餐店、香锅店；复合的可以参照自助海鲜、烤肉店。

大家看出来了，上面的内容与形式并不是一一对应的，而是互有交叉。比如在场所形式方面我们把标准快餐店和快捷酒店划分开来，但是休闲类我们也视为标准快餐店的一个特例出现；而产品呢，我们在这里把休闲划分在特色便宴——这个内容的主体部分对应的是快捷酒店的形式。这是实事求是的划分，现实就是这种样子的。

这个现象至少提示两个问题：一是餐饮行业充满着变化的活力，因为它紧跟社会生活的发展，随时都可能出现某些新鲜的改变。二是我们本书的观察也是以发展的姿态来进行的。

⊙ 流派菜系

菜系，也称帮菜，是指在选料、切配、烹饪等技艺方面，经长期演变而自成体系，具有鲜明的地方风味特色，并为社会所公认的中国饮食的菜肴流派。中国汉族饮食文化的菜系，是指在一定区域内，由于气候、地理、历史、物产及饮食风俗的不同，经过漫长的历史演变而形成的一整套自成体系的烹饪技艺和风味，并被全国各地所承认的地方菜肴。早在春秋战国时期，中国汉族饮食文化中南北菜肴风味就表现出差异。到唐宋时，南食、北食各自形成体系。发展到清代初期时，鲁菜、苏菜、粤菜、川菜成为当时最有影响的地方菜，被称作“四大菜系”。

到清末时，浙菜、闽菜、湘菜、徽菜四大新地方菜系分化形成，与前面的“四大菜系”共同构成中国汉族饮食的“八大菜系”。除“八大菜系”外还有一些在中国较有影响的菜系，如东北菜、京菜、冀菜、豫菜、鄂菜、本帮菜、赣菜、客家菜、清真菜等菜系。

这样看过来，应该是比较明白的了。我们说流派菜系是餐饮技艺发展的最高层次，最高不一定是不可超越，更不是不可细分。只是五个层次已经可以用来掌握中国餐饮的脉络了，作为一种分析框架已经完全能满足工具性需要，没有必要再搞什么花架子。

第二节　中式快餐的定义

◎中式快餐的定义

⊙ 餐饮业态的划分

对于行业与业态我在前面第一部分提到过，餐饮业态当然对应餐饮的营运方式。也就是综合上面的形式与类型，在实际经营中呈现的真实、具体的服务与收益状况。大致地看上面的逐层对应，可以得到五种餐饮业态。即小地摊、大排档、标准快餐、特色便宴、流派宴席五种。

细心地读者也会发现：上面的形式与类型并不是严格一一对应的，所谓严丝合缝分毫不差，那是发射卫星呢。有时候某种高档的形式会忽然来一些新花样，推出低档的饭菜类型；或者夫妻档也可以上流派菜系。就是因为有这些上上下下的组合，餐饮业态才变得纷繁复杂起来，才耐人寻味，才有意思。

⊙ 中式快餐的定义

中式快餐是我们这本书的主题，现在我们在餐饮业态的讨论中又一次回到这个主题。其实，事实是我在写作本书的过程中频繁地出差到全国各地，不断地用我的文字汇总与各地实际物产对照，一次又一次地回到这个主题。

现在，我们尝试给它下一个定义。与上面所说的道理一样，这个定义是在全书内容的反复磨合——修正——完善，逐渐提炼出来的。

中式快餐是指以中国传统餐饮风味为导向，以中国原产食材做原料，立足中国传统餐饮的加工工艺，引进现代标准化、流水线式的生产方式，参考营养学的基本原则，进行批量生产的一种日常餐饮模式。因为食材丰富、工艺复杂，中式快餐在生产上采取技术分解的方法；因为幅员辽阔、人口众多，在出品上采取风味模块组合的方式。

另外，随着社会生活的不断进步与丰富，中式快餐又逐渐表现为大众快餐与主题简餐两种亚类型，以不断满足人们生活的需求。

◎中式快餐的流派影踪、发展方向

⊙ 写下这个小题目的时候我忽然有一种恶作剧的快感，就像是一群幼儿园的孩子，忽然被称为“南帝”“北丐”“东邪”“西毒”呵呵，或者说忽然把评述世界杯的语气放在中国某大学足球联赛上，呵呵。有一句歌词怎么唱来着——气氛不太融洽。

但是，实在不能否认，中式快餐确实带着明显的流派影踪。实际上，幅员辽阔、生存文化多元的现实基础必然产生不同的影响，使得中式快餐带上地域流派的印迹。另外，从发展的角度来考虑，我们坚决捍卫不同饮食产品存在的权利，大一统的结局最可能是僵化、腐烂。

不妨先简单地分为东、西、南、北四个大的流派品系，老年间在北京说相声的有所谓“东辣、西酸、南甜、北咸”一说，那是扎根民间的智慧，真有道理，接地气的东西才值得参考。下面根据我实地所见的、所吃的全国各地的中式快餐产品进行描述。

东方派系：东方应该指中国中部的大部分地区，胡焕庸线[1]是一种科学的划法，斩钉截铁；当下媒体经常说的“东部沿海地区”相对不那么严格，但是更现实一点；考虑到还有“南、北派系”的实际存在，更要根据各地老百姓的生活现实，我们在地理上大概可以做这样的分划：南到长江沿线，北到长城一带，西以河南东部为界，这个区域即我们说的东方派系的原产地。

东方派系的特点是：传统影响深厚，饭菜分开，肉食比例较大，以猪肉、鸡肉、牛肉、羊肉产品为主；口味以酱、盐为主，少量甜食；重油腻、重熏色、重大量、少分餐。

南方派系：长江以南的大部分地区。

特点是：食材丰富；口味甜、辣、清淡多变；形式汤、煲、生具备。

---

❶ 胡焕庸线即地理学家胡焕庸在1935年提出的划分我国人口密度的对比线，即瑷珲—腾冲一线（或作爱辉—腾冲一线、黑河—腾冲一线）。一直为国内外人口学者和地理学者所承认和引用，并且被美国俄亥俄州立大学田心源教授称为“胡焕庸线”。

西方派系：其地域当然可以对照当今报刊所说的“西部不发达地区”的范围，似乎要小多了，但是绝对超过胡焕庸线。

西方派系的特点就是：以面为主打产品，饭菜不分。最成功的（或说成功最早的）当然是非“兰州拉面”莫属，紧随其后的是山西刀削面、秦镇米皮、西安肉夹馍、羊肉泡馍、河南烩面、胡辣汤等。

北方派系：不妨以长城为线，长城以北的区域都是北方派系的范围。

北京菜系的特点，有人说：“北京菜不成菜系。”这与北京冬季长的自然条件有关，也受人口相对稀少的社会环境影响。比如北方具有代表性的“乱炖”，所有的肉、菜一锅煮了，咕噜咕噜热热乎乎，大口吃肉、大碗喝酒，就要一个字：爽！

尽管大菜有“满汉全席”，但是那是老黄历——翻不得了，就快餐而言，北方派系真的没有很有优势的产品和品牌。当然，北方的食材原料相对是丰产的，东北米粮、内蒙牛羊、渤海海鲜等。快餐品牌北方派系只有水饺、麻辣烫有些影响。

我之所以刻意做以上“流派踪影”的梳理和总结，实际上还是沿着一贯的思路在走——以市场为导向探索中式快餐的发展路径。

所以，我们一方面先追本溯源，汇总、梳理一下各地风俗，虽然“地大物博”的说法有点自欺欺人，但是“人口众多、习俗多变”还是真的，这个就是中式快餐各种形式、风味的起源。另一方面，我们又要看到后天的影响，各种因素掺杂在一起必然会有丰富多彩的表现，而实践证明西式快餐的“标准化、流水线”达不到这种多元化的表现。我们要做的是承认这个变化，深入了解这个变化，然后参与分享这个变化。也就是说我们主动融入、借力推导它的发展就是了。

注意“多元化”这个概念，看到行业内有人提出“多元化”的口号，好像发现了什么真谛一样。确实他没有说错，但是这个只是说了一个结果，西谚说“条条大路通罗马”——你这样说对这个行业的创新工作有什么具体的帮助吗？没有。

再看前面比较成功的“伊面”的创新，其实不过是几个环节的重新组合，只不过“伊面”是无意之间做出来的，现在，有了“标准化、流水线”的基础，我们可以有意为之，我把这个思路称为“模块组合”吧，下面通过一个具体的案例来显示一下“模块组合”这个方法的生命力。

案例

我们为什么一定要区分“快餐”与“简餐”

——万变皆在“模块组合”之中

关于“快餐”与“简餐”的比较，如果用一句话来说明其不同，可以这样说：万变皆在“模块组合”之中。

看看前面“中式快餐”的定义，要有“标准化、流水线”。

我们点同一种快餐吃到的一定是一样的；而我们点同一种简餐吃到的貌似是不一样的。

再说一句：虽然都注重客单价，但是快餐与简餐计算收益的细分标准不一样，前者要的是“椅效”后者看的是“桌效”。

这次在石家庄赞皇县，我与两个年轻的加盟商谈话，我特别“较真”——几乎有书呆子的形状了，呵呵。

首先，他们说某老师“是做餐饮培训的”，我仔细地矫正，说“他应该是做餐饮管理咨询的”。培训与管理咨询不同，前者是基本理论灌输、常规技能训练；而后者需要进行定向的调查分析，发现问题制定解决方案，最后手把手地引导店铺走向正规。

然后，我又反复讲“快餐”与“简餐”的区别，根本的区别是快餐是一次性批量生产，然后大量分装；而简餐是单次生产的，尽管速度可能很快。如果用一句话来说出它们的不同，也就是这样：理论上说吃快餐的话，我们点相同的饭菜，那么我们吃的东西是一模一样的；而吃简餐的话，理论上说即便点相同的饭菜，但是每个人吃的都是有差别的。这应该是“标准化生产”与“定制生产”的不同吧。快餐实际上是标准快餐，标准的取餐流程，标准的加工工艺。简餐对应着特色简餐，特定的消费人群，特定的加工工艺。

这样斤斤计较，锱铢必较，有什么意义吗？

有了这样两个概念之后，我们再来看一下前面遇到的一些问题，会怎么样呢？

于是，我很顺利、明白地解决了“半边天‘熏肉大饼’是快餐还是简餐的问题”——既然他们以炒锅为主，当然是简餐，至于凉菜和粥，只是附带着的快餐搭配部分罢了。这是一种主次组合形式，可以借鉴。

很快，我的理论又有了更大的“用武之地”——我们来到赞皇县刚刚开业不久的一家“快餐店”，这里以面食为主要特色产品，我们点餐，吧台告诉我们说蒸饺要早一些点，因为他们是专门为每一拨客人蒸的。因此，出餐时间很慢。我给他们分析：这样的话会影响翻台率，进而影响现金收入；还有一个潜在的问题——会增加用工。而李广也补充说：熏肉大饼那里就是，专门聘请的大厨，工资很高。

在店里闲坐等餐的时候，我又在“快餐”与“简餐”的区别的基础上分析这个地方的装修细节，我说我们做店根本是要赚钱，而钱是需要顾客花的，顾客怎么才会多花钱呢？当然是要心甘情愿，所以我们一定要让顾客舒适。这就要研究他们的消费心理，这时候问题就明显了：“快餐”与“简餐”的消费心理是有区别的：快餐求同，要快，追求翻台率，所以灯光要明亮、座椅要硬板，给顾客适度的紧张感、推动力；而简餐求异，要鲜，追求单次消费量，所以灯光适当暗一些、座椅舒适，让客人坐下来就不想走了。——最后的结果就是：为什么同样开店，有的人赚了而有的人赔了？

用餐饮业的专门术语来说，这是“桌效”与“椅效”的区别。

我这样一分析，他们渐渐明白了。我说这就是中国古代成语“差以毫厘，谬之千里”的具体表现。

进而，我明确地告诉他们：至今中国还没有谁明确地划分这个概念系统，这是我的首创。这个划分是很有实践意义的。

然后，我又给他们专门讲了规划。我告诉他们一些来自实践检验过的方式方法，这些方式和方法经过了反复地应用与修正，必然是实用的、权威的。

然而，我又感慨，所谓的“取法乎上仅得其中”——古人提出这样的警示确实是有道理的，有了好的规划还要有严格的落实才能成功。我反复告诉他们：一定要专门找高手指教一下厨房的操作、管理。

第三节　食材与出品

说中国人会吃、会做应该是对的，我下面专门简述一下食材种类和加工出品技术工艺两个方面的内容，以便经营者参考、使用。——呵呵，聪明的读者应该看出来了，这里其实是有矛盾的，“先生之志则大矣，先生之号则不可”，凭本书一小节的篇幅而要做到检索使用的效果，无异于痴人说梦。不过总可以做一个提示，就是抛砖引玉吧，相信一定会有有心人来做好这方面的工作。

无论如何，这个工作是很有意义的。所谓“众口难调”，作为餐饮经营者，只有抓住了顾客的胃口，然后才有可能打开顾客的钱包。这个情况下，饮食创新是发展的必然选择，创新不是一梦醒来黄粱即熟，创新需要大量专业知识的积累，尤其是连锁加盟的中式快餐企业，大量、广泛地采购原材料，集中加工、多地域发货，怎么才能持久、高效地占领市场？要靠产品。这就更需要了解非常丰富的特产信息。

◎ 谷物方面

关于日常饮食，常见词汇有吃饭、饭菜、菜肴、酒席、酒水、茶点等，其中“饭”是主要的，也就是说各种粮食作物（简称谷物）是主要的。所谓的“一方水土养一方人”，食材的出产直接提供了食物的生产，所以在此我们对产地划分会有较多的引用，也是便于读者对全国的物产分布有一个宏观的了解。

⊙ 米食

大米细分品种很多，进而可以做出品类繁多的美食。

水稻在我国粮食作物中居首位，播种面积，产量均占粮食作物的第一名。所以，在我国粮食生产中稻谷生产占有重要的地位。

水稻在我国的分布很广，除了极寒、极旱地区几乎都可以见到，但是南方多而集中，北方少而分散。在全国呈大致如下分布：

1. 南方，稻谷集中产区

在秦岭、淮河一线以南的长江流域和华南各省，大约有全国 95% 以上的稻谷播种面积。这里集中的稻谷生产区密布于江河冲积平原、阶地、湖滨平原、海滨平原和山间盆地以及低山丘陵地带。我国水稻的最大产区是长江流域，包含长江三角洲、里下河平原、皖中沿江平原、鄱阳湖和洞庭湖平原、江汉平原和成都平原等。随着水、肥、机械化条件不断改善，以及早熟高产新品种的推广和栽培技术的提高，单季稻改双季稻的面积曾经有很大发展。近年来随着单季晚稻的扩大种植，粳稻增加较多，早中稻则仍以籼稻为主。

华南各省水稻的主要产区以珠江三角洲、韩江三角洲、闽江和九龙江下游、广西的西江两岸等最为集中。

2. 北方，稻谷分散产区

北方地区仅有约占全国 5% 的稻谷播种面积，分布特点是大分散、小集中，分布在水源条件较好的地区。

(1) 华北单季稻产区。

零散分布在渤海湾沿岸的海河下游低洼地区，河南的沙、汝、颍、洪四河沿岸洼地，山东济宁、菏泽地区的滨湖洼地和临沂地区，山西的太原、榆次河谷盆地，苏皖淮北地区等地。

(2) 东北早熟粳稻区

主要分布在辽宁省的辽河中下游平原，吉林省的东部山间盆地，黑龙江省牡丹江半山区谷地平原。

(3) 西北干旱稻作区。

主要包括宁夏银川平原，甘肃河西走廊张掖一带，新疆的乌鲁木齐、玛纳斯、阿克苏、喀什、库车、莎车等绿洲灌区。本区栽培水稻全靠灌溉，所以水稻都是抗旱早熟品种。

我国北方黄河、淮河、海河及辽河流域水源不足，今后随着工矿和城市建设的发展，需水量增多，更为紧缺，因此某些地区水稻发展将受到限制。

关于大米不同口感与不同做法所需不同品种的知识，大家从下面的介绍可窥一斑。

为什么日本大米好吃？

由于其淀粉的不同结构等原因形成大米不同的口感。大米淀粉的主要组成部分有直链淀粉和支链淀粉。直链淀粉含量越高煮出来就越硬；支链淀粉含量越高米饭的黏度就越高。

支链淀粉在5～60℃热水中不溶解，所以大米支链淀粉含量高的，如东北大米，蒸煮后膨胀得很大，饱满又丰润。与直链淀粉不同，支链淀粉很耐老化，所以含支链淀粉高的大米即便放凉了吃味道也极好，这种米很适合做寿司。

日本人喜欢吃黏性高的米，“越光”米是日本种植面积最多的，其直链淀粉含量只有16%。与东北大米一样，由于黏性高，这种米适合蒸煮；但是，太黏、颗粒感不强，不适合做炒饭。

在昭和50年代后半期，日本开始进行稻米品质改良，充分汲取籼稻品种有利的基因。因为籼稻米的直链淀粉含量比粳稻米要高，没那么黏，他们对这两种稻米各取所长，最后选育出了适合做炒饭的大米品种。

籼稻，是我国南方稻谷集中产区流行的稻米品种，英文叫 Indica rice；东北早熟粳稻区种的大米属于粳稻，英文叫 Japonica rice。世界上的稻米就分这两大类。

⊙ 面食

面食在我们划分的“西方派系”餐饮中占据主要地位，实际上全国各地的日常餐饮里面都有面食的影子，加工方式也是五花八门，这里重点看看面食主要原料小麦的生产情况。

小麦历年种植面积为全国耕地总面积的22%～30%，占粮食作物总面积的20%～27%，在我国是仅次于水稻的主要粮食作物分布遍及全国。根据各地域的气候特征、地势地形、土壤类型、品种生态类型、种植制度以及栽培特点和播种、成熟期等将全国小麦划分3个主区和10个亚区。

三个主区：

1. 春小麦区。

长城以北、岷山、大雪山以西地区。处在高寒或干冷地带，冬季严寒；无霜期短，栽培制度绝大部分是一年一熟。

2. 北方冬小麦区。

长城以南，六盘山以东，秦淮以北地区。是全国最大的小麦集中产区和消费区，播种面积和总产量约占全国的2/3。一般实行一年两熟或两年三熟，仅北部长城沿线两侧地带为冬、春小麦混合的过渡地带。冬小麦是越冬作物，种植冬小麦与其他粮食作物矛盾较少，因此能减少冬闲地面积、扩大夏种面积，增加粮食总产量。

3. 南方冬小麦区。

在秦淮以南、折多山以东，播种面积和总产量约占全国30%。由于本地区人多以稻米为主要口粮，因此，小麦的商品率较高，是我国商品小麦的重要产区。

十个亚区：

1. 东北春麦区。

包括黑、吉两省全部，辽宁省除南部沿海地区以外的大部及内蒙古自治区东北部。全区小麦面积及总产量均接近全国的8%左右，为春小麦主要产区，其中以黑龙江省为主。

2. 北部春麦区。

全区地处大兴安岭以西，长城以北，西至内蒙古自治区的伊克昭盟和巴彦淖尔盟，北邻蒙古人民共和国。包括河北、陕西两省长城以北地区及山西省北部。小麦种植面积及总产量分别占全国的3%和1%左右，约为全区粮食作物种植面积的 20%。小麦平均单位面积产量在全国各麦区中为最低，且发展很不平衡；西部河套灌区的伊克昭盟、巴彦淖尔盟等地的产量水平较高，而河北省的张家口、山西省的雁北及陕西省的榆林等地区均为低产区。

3. 西北春麦区。

全区以甘肃及宁夏为主。并包括内蒙古西部及青海东部。小麦面积和总产分别占全国的 4%，4.8% 左右，单产仅次于长江中下游及黄淮冬麦区，而居春麦区之首。一般亩产 100 公斤左右，甘肃河西走廊灌区和宁夏、银川及中宁灌区，平均亩产可达 250~300 公斤。

4. 新疆冬、春麦区。

小麦种植面积及总产分别为全国的 4.6% 和 3.6%。北疆以春麦为主，南疆以冬麦为主，麦田面积北疆为大。

5. 青藏冬、春麦区。

包括西藏和青海大部，甘肃西南部、四川西部及云南西北部。全区以林牧为主，小麦种植面积及总产均占全国的 0.5%，其中以春麦为主。

6. 北部冬麦区。

包括河北长城以南的平原地区，山西中部及东南部，陕西北部，辽宁及宁夏南部，甘肃陇东和京、津两市。麦田及总产分别占全国的 8% 以上及 5.3%。小麦占全区粮食作物总面积的 30% 左右。

7. 黄淮冬麦区。

包括山东全省，河南除信阳地区以外全部，河北中南部、江苏和安徽两省的淮河以北地区，陕西关中平原，山西西南以及甘肃天水地区。小麦面积及总产分别占全国的 45.5% 及 50.5% 以上，为我国最主要麦区。

8. 长江中下游冬麦区。

全区北抵淮河，西至鄂西、湘西丘陵地区，东至海滨，南至南岭，包括上海、浙江、江西 3 省全部，江苏、安徽、湖北、湖南 4 省的部分，以及河南省信阳地区。麦田面积及总产分别占全国的 11.7% 及 13%，亩产在全国最高，但省际间发展极不平衡。其中产量最高的为江苏省，而江西全省以及湖南省西南部则为低产区。

9. 西南冬麦区。

包括贵州全省，四川、云南大部，陕西南部，甘肃东南部以及湖北、湖南两省西部。麦田面积为全国的12.6%，总产量约为全国的12.2%，其中以四川盆地面积最大，亩产和总产最高。

10. 华南冬麦区。

包括福建、广东、广西、海南和云南南部。麦田面积和总产量分别占全国的2.1%和1.1%，小麦不是本区主要作物，历年面积极不稳定，且近年锐减。

这里我想说什么呢？当年我去乌鲁木齐考察市场，在天山区一家快餐店吃“新疆拌面”，感觉那个面条特别好吃——明显比济南的面条高一个档次。

这也是走遍全国、吃遍全国的优势吧，与此形成有趣的呼应的是：我去滁州出差的时候，在全椒县一个小店吃馒头，感觉那个馒头特别难吃——明显比济南的馒头低一个档次。

仔细回味，造成这些状况的最大的可能就是当地所产的小麦面粉品质有差别。这里我只是做一个提醒，如果进一步要做特色食品开发，或者标准化中式快餐开发，则一定要对面粉产地、品质特性做科学的调查分析。

⊙ 杂粮

按照一般的说法，杂粮是指去除了稻谷、小麦、玉米以外的其他谷物、去除了大豆以外的其他豆类、薯类（仅指红薯、马铃薯，不包括南方的木薯、芋头）。我们这里根据全国各地日常食物的实际情况，把玉米、大豆、薯类等全部划为杂粮系列。在各地经常见到的有——莜面、糕、蒸小米饭、东北拉条子、玉米糊糊、各种粥品。此外我国传统的豆类食品，西部的土豆食品，也可以各自成为一个系列了。

我国小杂粮种类很多，栽培面积较大的有荞麦、糜子、谷子、高粱、燕麦、青稞、绿豆、小豆、豌豆、蚕豆、豇豆、芸豆和小扁豆等，在世界6大洲、30余个国家有种植。由于中国地处温带和亚热带地域，又是作物起源中心之一，不但种类多，而且占有份额大。在20多种小杂粮中，荞麦、糜子面积和产量都占世界第二位，蚕豆占生产量的1/2，绿豆、小豆占生产量的1/3，燕麦、豇豆、小扁豆是主产国，故我国有“小杂粮王国”之称。

小杂粮在我国分布很广，各地均有种植，但主产区相对比较集中。从地理分布特点看，主要分布在我国高原区，即黄土高原、内蒙古高原、云贵高原和青藏高原；从生态环境分布特点看，主要分布在我国生态条件较差的地区，即干旱、半干旱、高寒地区；从经济发展区域分布特点看，主要分布在我国经济不发达的边疆地区、贫困地区和革命老区；从行政区域看，主要分布在内蒙古、河北、山西、陕西、甘肃、宁夏、青海、新疆、云南、四川、贵州、重庆、西藏、黑龙江、吉林等省区。

我国小杂粮种植面积约为905.9万公顷，占全国粮食作物种植面积的8.73%，其中荞麦、糜子、燕麦、青稞等面积为350.76万公顷，占3.81%，谷子、高粱面积为238.05万公顷，占2.3%，芸豆、绿豆、豌豆、蚕豆、小豆等面积为317.05万公顷，占2.62%。我国小杂粮总产约1971.53万吨，占全国粮食总产量的4.14%，其中荞麦、糜子、燕麦、青稞等产量为765.7万吨，占1.61%，谷子、高粱产量为719.9万吨，占1.51%，芸豆、绿豆、豌豆、蚕豆、小豆等为485.9万吨，占1.02%。

全国豆类作物种植为1167.1万公顷，其中杂豆种植面积为317.05万公顷，占27.17%，全国豆类总产量为2001.09万吨，其中杂豆485.92万吨，占24.28%，杂豆在我国豆类生产中占有相当重要的地位。我国小杂粮生产条件普遍较差，加之多数小杂粮育种栽培技术研究工作开展少且生产水平落后，单产普遍较低，许多地方公顷产量只有300～600kg，在栽培管理水平较好的地区，公顷产量可达1500~3000kg，甚至更高。

◎ 肉、菜等方面

⊙肉、蛋、奶等

肉类：包括畜肉、禽肉。畜肉有猪、牛、羊、兔肉等。禽肉有鸡、鸭、鹅肉等。肉类含存丰富的蛋白质、脂肪和 B 族维生素、矿物质，是人类的重要食品。

肉类食品包括牲畜的肌肉、内脏及其制品。

它们能供给人体所必需的氮基酸、脂肪酸、无机盐和维生素。肉类营养丰富，吸收率高，滋味鲜美，可烹调成多种多样为人所喜爱的菜肴，所以肉类是食用价值很高的食品。

肉类作为食物，较之谷类、蔬菜、水果等其他类的主要食物，往往被认为是更为高级也更为难得的食物，古代和近代乃至 20 世纪前半叶尤其如此。而进入 20 世纪后半叶，肉类的消费量比起过去已有很大幅度的增长。

肉类食物中，人食用得最多的是畜肉和禽肉这两种。提供畜肉的家畜主要是猪、牛以及羊；提供禽肉的家禽主要是鸡、鸭以及鹅。一般来说，人食用畜肉的量远大于禽肉，这应该是由于兽类的体型远大于禽类的缘故。

蛋类：常见的蛋类有鸡蛋、鸭蛋、鹅蛋和鹌鹑蛋等。其中产量最大，食用最普遍，食品加工工业中使用最广泛的是鸡蛋。

营养成分：蛋清和蛋黄分别约占总可食部的 2/3 和 1/3。蛋清中营养素主要是蛋白质，不但含有人体所需要的氨基酸，且全蛋蛋白质几乎能被人体完全吸收利用，是食物中最理想的优质蛋白质。在进行各种食物蛋白质的营养质量评价时，常以全蛋蛋白质作为参考蛋白。蛋清也是核黄素的良好来源。

蛋黄比蛋清含有较多的营养成分。钙、磷和铁等无机盐多集中于蛋黄中。蛋黄还含有较多的维生素 A、D、B1 和 B2。维生素 D 的含量随季节、饲料组成和鸡受光照的时间不同而有一定变化。

蛋黄中含磷脂较多，还含有较多的胆固醇。蛋类的铁含量较多，但因有卵黄高磷蛋白的干扰，其吸收率只有 3%。

生蛋清中含有抗生物素和抗胰蛋白酶，前者妨碍生物素的吸收，后者抑制胰蛋白酶的活力，但当蛋煮熟时，这两种成分即被破坏。

烹调影响：一般烹调方法，温度不超过100℃，对蛋的营养价值影响很小，仅B族维生素有一些损失，如B2不同烹调方法的损失率为（%）：荷包蛋13、油炸蛋16、炒蛋10。煮蛋时蛋白质变得软且松散，容易消化吸收，利用率较高。

烹调过程中的加热不仅具有杀菌作用，而且具有提高其消化吸收率的作用，因为生蛋清中存在的抗生物素和抗胰蛋白酶经加热后会被破坏掉。

皮蛋制作过程中加入烧碱产生一系列化学变化，使蛋清呈暗褐色透明体，蛋黄呈褐绿色。由于烧碱的作用，使B族维生素被破坏，但维生素A、D保存尚好。

奶类：是指鲜奶以及所有以奶为主要原料制成的产品的总称，包括原料奶、巴氏消毒奶、超高温灭菌奶、酸奶、奶粉、炼乳、黄油、冰淇淋、雪糕、干酪等产品。

⊙蔬菜、瓜果等

蔬菜植物的产品器官有根、茎、叶、花、果5类，因此按产品器官分类也分成5种。

1. 根菜类。这类菜的产品是其根部。

（1）肉质根类菜：萝卜、胡萝卜、大头菜、芜普、芜菁甘蓝和根用甜菜等。

（2）块根类菜：山芋与番薯和葛等。

2. 茎菜类。这类蔬菜产品为茎或茎的变形部分。

（1）地下茎类：马铃薯、菊芋、莲藕、姜、荸荠、慈菇和芋等。

（2）地上茎类：茭白、石刁柏、竹笋、莴苣笋、球茎甘蓝和榨菜等。

3. 叶菜类。这类蔬菜产品为普通叶片或叶球、叶丛、变态叶等部分。

（1）普通叶菜类：小白菜、芥菜、菠菜、芹菜和苋菜等。

（2）结球叶菜类：结球甘蓝、大白菜、结球莴苣和包心芥菜等。

（3）辛番叶菜类：葱、韭菜、芫荽和茴香等。

（4）鳞茎菜类：洋葱、大蒜和百合等。

4. 花菜类。这类蔬菜产品是花、肥大的花茎或花球等部分，如花椰菜、金针菜、青花菜、紫菜蔓、朝鲜蓟和芥蓝等。

5. 果菜类。这类蔬菜产品包括嫩果实或成熟的果实部分。

（1）茄果类：茄子、番茄和辣椒等。

（2）荚果类：豆类菜，菜豆、豇豆、刀豆、毛豆、豌豆、蚕豆、眉豆、扁豆和四棱豆等。

（3）瓠果类：黄瓜、南瓜、冬瓜、丝瓜、菜瓜、瓠瓜和蛇瓜等，以及西瓜和甜瓜等鲜食的瓜类。

⊙ 特写：豆类与土豆类

豆类：主要有大豆、蚕豆、绿豆、豌豆、赤豆等。豆的名称来源挺多，如黄豆、红豆、绿豆、赤豆、黑豆、白饭豆、乌豆、白云豆等，这是人们以豆的颜色命名的；另外还有蓝花豆、红花豆、白花豆等，这又是以花的颜色来分的；再有龙爪豆、象耳豆、刀豆、菜豆、蚕豆、豇豆等，则是以豆荚的形状来区别的。

根据豆类营养素种类和数量可将它们分为两大类，一类为以大豆为代表的高蛋白质、高脂肪豆类；另一种则是以碳水化合物含量高为特征的豆类，如绿豆、赤豆。烹饪时通常鲜豆及豆制品不但可做菜肴的主料及辅料，而且还可以作为调味品的原料。

豆类食品的营养价值非常高，其品种繁多，每个其所含有的营养成分各不相同。据调查，如每天坚持食用豆类食品，只要坚持两周的时间，人体便可以减少脂肪含量，增加免疫力，降低患病的几率。同时，最重要的是，豆类食品还有美容的功效；由于脂肪含量少，还有助于减肥，是一种很好的食品。

绿豆可以明目消暑：众所周知，绿豆汤是防暑佳品，绿豆清热解毒和消解嘴唇干燥、嘴部生疮、痱子、暗疮等特别有效，多食还可以保持眼睛免遭病菌侵害，达到明目的功效。

黑豆可以乌发：黑豆含铁元素比一般豆类都高，多食可增强体质，抗衰老，令头发乌黑亮丽。尤其值得推荐的是，黑豆泡醋可降血压。

大豆可以润肤：多食大豆有利于胃肠道的消化和吸收，也可润泽皮肤。

民间说“饿死卖姜的、饿不死卖蒜的”意思是这样两个商贩如果一天下来没有做成任何生意的话，卖蒜的可以把自己卖的蒜拿来煮一点吃了填填肚子；而卖姜的不行，因为姜煮熟了照样辣。

同样思路，卖豆子的那出路可就多了。卖豆子的吧，赶集没生意，晚上住店没钱买饭，咋办？好天气呢，拿一点豆子出来煮一半加点盐当菜，炒一半干崩豆当饭。赶上连阴天，雨淋了怎么办？看看具体情况，没全湿的话先把干的收好，湿的放大盆里生豆芽，这个豆芽有说道，头一天的刚刚萌动伸出一点小芽叫“豆嘴”，过两天长大了，白白胖胖的独根苗才叫“豆芽”，要是再长，根上又生出小须根那就是“豆苗”了；要是全湿了怎么办？那就干脆全泡到大盆里，泡好了磨豆浆，这个豆浆更有发展空间，直接熬熟了喝叫热豆浆，加石膏、卤水、糖化酶等点一下，就往豆腐方向走了，这一走不得了，刚刚凝固一点儿，还基本上是流质的状态那叫“豆腐脑”，豆腐脑很软，用小勺挖起来很难成大块；要是硬度再大一点，勺子可以挖起大块儿来，那是“老豆腐”了；老豆腐再增加一点硬度，在四川等地叫“豆花”大块盛在碗里撒上白糖，小勺挖着吃很方便；硬度达到小勺挖着不太方便的状态，整块的要用刀切，那就是“豆腐”了，豆腐至少分三种，“内酯豆腐”最细嫩，做皮蛋豆腐的，适于鲜食，一般常见的是“石膏豆腐”——麻线栓豆腐（提不得）说的就是它，而居然用麻线也可以提起来的那种也是有的，叫“卤水豆腐”，硬得很呢。要说硬，比豆腐硬的首先是加了某种食用胶的“脆豆腐”（也叫千页豆腐）；然后是压成薄块儿的“豆腐干儿”；再薄，就是“豆腐皮儿”了，有的像纸一样薄；现在机械化生产的更多，压干了水分，变得更像纸张一样，长长的一条一条有的地方叫做“腐带”比纸张有韧性，接近于粉皮了，也有的叫它“豆皮”的；哈哈，要说硬，这个家族硬度最高的要数“腐竹”，其硬度与竹子的硬度差不多。

上面是在鲜食的方向罗列的，其实卖豆子的还有一种做法——如果他老是卖不出去一赌气不卖了，煮熟了加盐是一种办法，但是这个做法存放时间不会很长，要想长期存放，并且吃起来方便（是成品食品）怎么做呢？好说，那就做酱吧。做酱一般是先把豆子炒熟，然后发酵，发酵是要有时间要求的，需要夏天的艳阳天暴晒足够的天数，才能氤氲出那种芳香；之后呢直接做酱就是“豆瓣酱”，也有地方叫“豆豉”的，复杂的有加入西瓜的，做成“西瓜豆豉”；如果把发酵好的豆瓣粉碎再做酱，就是“大豆酱”了，以它为基础，可以炒制各种辣酱、肉酱等。

有读者朋友可能会问：这一袋豆子，我想帮卖豆子的保存得时间更长一些，至少一年吧，然后到我们想吃它的时候你还得给我保证新鲜，你怎么做？哈哈，您这是难为我啦，不过我想可以这样做——那就晒好了收藏起来，第二年当种子播种下去，等到开花结果之后，采摘鲜豆荚做菜吃。

再说得细微一点儿，比如绿豆深加工可以做“龙口粉丝”啦，比如豌豆的鲜嫩藤蔓可以晒制“豌豆苗”等，这些地域色彩浓郁的豆类加工做法也给我们提供了十足的美味。

土豆类：据我所见过的与土豆有关的信息，真的可以写一本妙趣横生的书了，借一句老俗话说“土豆浑身都是宝”啊，这个它当得起。

历史上为了推广土豆，智者特意设计国王派兵把守土豆田，这个好像是真的，发生在法国。而更真实的推广事件发生在眼前，快餐业内人士很多听过这个感叹：（肯德基）一块土豆就赚了中国 ×× 亿！

我到山西，见识了土豆的做法，光土豆食品的名称就记录了十几种，说实话有些我只闻其名而未见其物，印象特深的有下面这几种：炒拨烂子、烧厄、碗秃、拨糕等。

超拨烂子，加工流程仿佛东方派系的“炒饼”，具体工艺是这样的——优质大土豆去皮，切成宽丝，扑上适量的面粉裹匀，然后蒸熟，储存备用。有顾客点这道食品的时候，大炒勺里淋上油，葱花、姜末烧香了，再根据顾客具体要求，或放肉丝或加鸡蛋碎，然后蒸熟的土豆丝投进去一顿猛炒，装盘上桌，趁热气腾腾、芳香四溢、色泽亮黄、酥松脆嫩。

烧厄，加工流程仿佛鲁菜的“红烧豆腐”，具体工艺如下——大块的土豆削净皮，切方块，沾一点淀粉，下油锅炸至金黄，捞出来储存备用；

往下的做法，基本上就是红烧豆腐块的翻版了，不过也有以它主打做汤的，还有烧制其他食材以它做辅料点缀的。

碗秃，这是土豆淀粉制作的食品。我感觉是南方派系的“水蛋”那种做法，而不是常见的制粉皮的加工方式——因为大街上都是成品，没有见到具体加工工艺。暂且描述一下成品模样吧，粗瓷小碗里面有小半碗刚刚凝固的粉冻，路人点了之后，老板托起一碗，迅速用小刀在粉冻上面均匀地划开，然后浇一点调味料。有时候会根据顾客的要求适当增减调料比例，不同的味道就出来了。

拔糕，是土豆泥做的一种食品，说实话，在小碟里端上来的时候我没有想到是土豆制品，是当小凉菜上的，不大的碟子盛着灰扑扑的菜品上来，看去是指头粗的滚刀块，淋上麻汁蒜泥，我乍看真没有猜出是啥，夹一点尝尝，沙脆糯韧俱备，酸辣、香咸可口，我品不出是啥做的，一问才知道原来是土豆泥加工制成的。

至于已经推广到全国各地的“土豆粉儿”呢，在这里我就不端上来了。您学习累了，拎着这本书到大街上，随便一走就能看到土豆粉儿的招牌吧，您去吃，先吃饱了再说，没带钱赊着，实在不让走就把书押下，反正下回还来不是？

◎ 加工方式

⊙ 刀工

我曾经闹过一次笑话，当年我在乡政府接待一位军队下来接新兵的连长，陪他到下面村里搞政审。在某个村里遇到一个初审合格的应征青年，村支书介绍说他学过厨师，并且好像在比较大的酒店做过。于是连长说可以作为特殊人才推荐一下，然后认真地问了他几个问题，比如：什么是“刀工”？有几种“火候”？对厨师而言，这些好像是最基本的问题吧。但是那个小伙子偏偏回答不上来，一句话也说不上来！当时我瞎着急啊，怕他把一个好的推荐机会弄砸了，可是那时候我还真不知道，越这样越着急，于是在一边那个胡乱提醒啊、插科打诨啊。

现在我当然已经知道了，说白了餐饮的刀工不过就是“片、条、丁”这三个形态，再细做一下，也不过“薄片、细丝、碎末”而已。就像几何学的点、线、面，三种基本概念。对了，几何还有“体”——正好对应刀工技能之中的“雕花”一项。

中国是手工艺术的强国，讲究精雕细琢，历代手艺高人的奇闻那可是源远流长。庄子就记载过“楮叶”雕刻的故事。具体关于中国厨师厨艺的典故也是数不胜数、出神入化的，尤其是其刀工技能，更是神乎其神，匪夷所思。

曾经看到有个报道，中国、法国大餐厨师同台竞技、当场献艺。中国和法国可算是东西方两大餐饮文化的杰出代表了，它们之间展开对决应该是相当有看点的。我特别注意到这样一个细节：法国的厨师队伍来了，推着一辆沉重的手推车，各种加工工具把中国人看得眼花缭乱；而中国的厨师只是提着一个小小的工具包，打开之后只有几把菜刀，法国同行看得也是一愣一愣的呢，他们想不到这几把简陋的菜刀就能切、刻出五彩缤纷、奇形怪状的各式各样精美大菜。——中国菜刀，为国争光了。

但是，站在标准快餐的角度，我更点赞法国的厨具。毕竟社会的大趋势是向着人力越来越解放、标准越来越严格、操作越来越简单、效率越来越高的方向发展。快餐就是顺应社会生活的快节奏而产生的，快餐本身的生产就体现这个特色。下面列举几个工具升级的实例，从中我们可以看到，近些年科技推广的鲜明轨迹。

——豆浆机的进化。最早一代豆浆机不过就是电动的小钢磨，期间钢磨越做越小；下一代豆浆机“驯化”成了像模像样的家电，外观绝对美丽了，而功能不过还是把生豆子磨成浆；第三代豆浆机内部开始质变，生豆子进去熟豆浆出来；第四代豆浆机功能更加强大，不仅加工豆浆，还能加工各种浆果、肉果、核果、果核，随着转数的飞跃、刀具的硬化，“破壁”技术也出现了。

——西安“机器人”刀削面。2012 年冬我去朔州出差，看到一处刀削面店里有个新鲜机器，在一个大盆上面架着，有点像铣床，床架上放着和好的面团，机器开动起来的时候，机械臂上固定的刀具开始削面，削好的面条子直接落在下面的大盆里。当时这个机器吸引了一些顾客，我认真地观察了一会儿，觉得有意思，但是更觉得滑稽。转眼到了2014年冬季，我到西安考察市场，又在一家刀削面店里看到了加工面片的设备，这一回一看就觉得“是人”了，整架机器的外观完全是一副卡通机器人的造型，铣床和切刀分别包装成左右手，角度调整得恰到好处，手起刀落如飞，而均匀的面片划着弧线翻飞进入前面的大锅里，大锅里热汤翻滚，落下来的面片很快就熟了。

——电饼铛的进化。大型的电饼铛家里没有，一般都是开店用的。从其发热功能来看，由一面发热到上下两面同时发热，绝对提高了出品的速度；从上下两面中间的厚度来看，由最初固定的尺寸到可以进行细致的调整，从而适应不同产品的造型；从节能环保的趋势来看，引用变频技术使温度的数字化曲线更加光滑合理，不仅节约了能源，也使产品成熟得更加均匀。

——烤鱼工具的发展。“碳烤活鱼”说的是店名也是工艺，找两把大型的铁笊篱一合，将腌透的大鱼夹在里面，然后再到烤羊肉串的炉子上去烤；后来有人发明了燃气的烤箱，火力旺还没有烟尘污染；再后来又出现了电烤箱，自动翻转，上下同时受热，烤得既快又均匀。

⊙ 火候

菜切好了，下一步当然是做熟、造型（生食的也要装盘）等，这个就是前面说的“刀工”“火候”之中的“火候”。中式餐饮的火候简直可以称得上是神奇啊。

我们先看看下面这些词汇吧。

炒、爆、熘、炸、烹、煎、溻、贴、瓤、烧、焖、煨、扒、烩、烤、盐、熏、泥烤、氽、炖、熬、煮、蒸、拔丝、蜜汁、糖水……

这其中“蒸、煮、煎烤、热炒、凉拌”等几种是最常见的，《红楼梦》是小说也是生活实录，有人不是根据书中描写专门研发了一套“红楼菜谱”吗？单是其中一道小卤菜“茄鲞”（《红楼梦》第41回）的做法就曾经让刘姥姥大半天合不上嘴。

我在星级酒店看到大厨教徒弟，手把手地传授熬糖的三种层次：糖浆、琉璃、焦糖。白糖化好了倒进铁锅里熬，边熬边搅，看到大气泡变成小气泡，糖汁黏稠颜色亮黄的时候叫做“糖浆”。再继续熬、继续搅，气泡越来越少，颜色越来越深，到了刚好没有气泡的时候叫做“琉璃”，这才是粘糖葫芦的时候，气泡就是水分，一般人不敢熬到这个时候，所以他们粘出来的糖葫芦放不长那糖就渐渐化了，而高手做出来的糖葫芦三天三夜没有变形的，因为糖里本身没有水分所以也不会吸收空气里的水分了。再熬，稍微一过就是“焦糖”了，焦糖发苦，只能做加工特殊菜品的颜料用。

我们都知道理论上开水是要达到100℃，不考虑海拔因素，一般情况煮熟食材水温都要到100℃。有厨师研究使用偏离这个常规温度的做熟菜的方式，即“低火”与“高火”。低于100℃——如传统的“灯芯肉”，此外我们都知道，在大沙漠上生鸡蛋埋进沙里可以烤熟，而好的绿茶不要使用100℃的滚水冲泡，水温要低一些，因为我们要的是最佳风味，“可食”而不一定“烂”；大于100℃——高压锅与微波炉，这个更容易理解，还有经常食用的油炸食品。

⊙ 厨具

厨具是厨房用具的统称，包括储藏用具、洗涤用具、调理用具、烹调用具、进餐用具。我们对照一下，其中与加工工艺有关的类别至少有两项——调理用具和烹饪用具。调理用具基本的就是我们前面说的展示刀工的加工工具，烹饪用具大致就是跟上面火候有关的锅、灶等。

关于烹饪用具的科技进步成果有很多，前面我们说刀工的时候已经列举了两个例子，下面再讲两个。

——电热灶台。随着环保意识的提高，还有厨房向大型商场普及，烧炭越来越不适合做热能原料了，首选一般是燃气，但是有些地方连燃气都要限制，怎么办呢？不开店了吗？当然要开，早期的解决办法是酒精炉、小电磁炉、老式木炭——火锅，但是偏偏市场需求以炒菜为主，咋办？别急，电热灶台来了，烧菜效果和煤气大灶几乎是一样的。

——排烟系统。这个也是环保产生的问题，我们在《开家赚钱的店》一书分析、总结了这个排烟系统，我们分成 4 个层级。其实现实生活中可能做得更精细，比如末端的“空气清新”系统，就研发出不同的方式和方法，效果不一，当然价格也相应地有很大悬殊。

⊙ 我为什么不提“口味、调料”

聪明的读者也许已经看出来了，最体现饭菜特色的一个要素“口味”我只字不提。

口味甚至可以称做是中国特色，远古时期感叹“治大国若烹小鲜”的老子就很注重口味，他说：“五色令人目盲，五声令人耳聋，五味令人口爽……”——实际上，参看历代对美食的评论，口味确实是中国餐饮最高深、“最有技术含量”的一个要素。

并且口味又不像碗、盘、碟等外在辅助元素一样，那些是可以更改、淘汰的，而且现实中已经被标准中式快餐淘汰了。口味太专业、太重要了，过去我们说“学徒三年”，其中相当大的学习内容就是关于口味，就是“调鼎醪醢”。

这个问题我们不提，怎么说得过去呢？

哈哈，这正是我说的标准中式快餐的特质——经过现代化的技术分解之后，我们提取出“料包”这个解决方案。——比如以鲁菜的当家菜品红烧肉为例，红烧肉可以说是“每个人都吃过，每一餐口味又不太一样”的一种菜。怎么才能做出一手口味上乘又保持不变的红烧肉呢？现在，我“代表”标准中式快餐给你一套简便易行、科学量化、一劳永逸的解决方案，具体技术流程是这样的：

一斤五花肉切成 6～8 块，开水中焯一下，捞出肉块，倒掉水；锅里重新放清水，放入焯好的肉块，按比例加料包里的成品酱料；开火，大火烧开若干分钟，然后小火收汁若干分钟；最后出锅，装盘（出售）上桌。

注意，批量生产一定要选大品牌的五花肉，因为他们从生猪生产开始就是批量生产的，喂养饲料、生长日期统一，宰杀、分割统一，这样我们加工生产过程中的酱料、用火也可以固定、统一，标准食材保证我们的快餐产品口味一致。

不管是饕餮大餐，还是街头小食，想必你的舌头已经对五种基本味觉熟悉得不能再熟悉：酸、甜、苦、咸、鲜，恐怕哪一顿都少不了它们的佐味。但美国珀杜大学科学家新近确认出第六种味觉——肥。

“肥”到底是一种什么味道呢？用文字来表述一种味道实在困难。如果一定要描述出“肥”的味道来，那是一种当你一口咬住一块多汁的牛排时那种感受，是你把一滴橄榄油滴在舌头上的味道，它可能有点腻，可能有点香，也可能有点脂肪的味道。通过多次试验，科学家把不同味道分类让参与者品尝、分类和辨别，有足够多的人分辨出“肥”味，不同于鲜，更不同于酸、甜、苦、咸。更关键的是，肥味符合基础味觉的特征，它与其他已知的五种味觉之间没有重合，它不是任何其他味觉可以混搭出来的味道，它是一种独特的、可以剥离出来的味道。

案例

XX 餐饮集团港沟加盟米线店营销策划方案

经过对港沟加盟米线店的详细调查、了解，查找问题、研究解决方案，首先我提出两个初步意见，然后又征求了公司几个部门的专业技师的建议，初步总结如下。

本方案共分三大部分，即饮品、早餐、下月的营销策略重点。

港沟千丝瑞米线店饮品产品线变更方案

1. 停产高档调配饮品系列。

这个建议是根据实际生产经营的状况提出来的，现在的情况是该产品销售价位走高档路线，但是销售量一直走低。这样的结果，首先，是流水量达不到盈亏平衡，直接的后果是相对成本增加；其次，是造成人力资源方面的浪费，增加的是绝对成本。正反两个方向的损益分析都提示我们：理性的经营决策是及时止损，也就是尽快下马这个产品支线。

2. 新上大众饮品系列。

以事实为根据，以利润为准绳。我们提出以下两个产品支线的规划：

（1）普通饮料机。公司提供橘子汁、酸梅汤、冰豆浆、冰绿豆汤等几种配方、原料支持。具体成本：以一杯400ml为例，橘子汁约0.34元，酸梅汤约0.29元，冰豆浆约0.42元，冰绿豆汤约0.22元……市场一般售价1.5～2.0元/杯。另外，在做推销活动期间，我们建议可以推出“奖励续杯”的促销方式，以便刺激其他高额产品的销售量。

（2）玻璃小型瓶装饮品。这个成本一般在0.30元/瓶，市场一般售价1.0～1.5元/瓶，这个一般以进店销售为主，相对比较受少年、儿童欢迎。另外顾客一般不期望这个产品做优惠活动，意即利润很有保障。

新上早餐系列产品方案

现在的状况是本店对面沿街有三家包子早餐项目，据悉经营状况比较好，这一方面说明该商圈的市场需求旺盛，另一方面也提醒我们此处早餐产品比较单一。本着丰富产品花色、引导消费需求的原则，我们提出“无矾保健油条+绿色环保豆浆、豆腐脑”系列产品方案。

我们的产品，宫廷油条（以斤为基本测算单位）成本价1.98元，市场一般售价5.50元。此处需要说明，因为工艺、配方相对复杂，我的产品成本略微高于常规同类产品，都是本着“长期经营、持续盈利”的原则，我们建议不要太纠结这个问题，而是要深入挖潜，提升总销售量。制豆浆、豆腐脑的黄豆，我们要求一定要选用非转基因优质黄豆。豆浆一杯400ml，成本约0.40元/杯，售价约1.50元/杯；豆腐脑一份，成本约0.55元，售价建议为2.0元/份。

下月的销售计划方案

在充分了解当地市场的基础上，我们对下月的推销计划做如下规划建议：

1. 主打产品米线推出“一锅端”的出品形式。

推出新的形式是一件需要慎重对待的事情，这次推出“一锅端”的新品形式，实际上就是一场“价格战”的真实上演，我们建议产品定价一定要低于10元，当然同时大幅删减配菜花色品种和比例——同时也结合市场情况，适当增加一点配料，比如鹌鹑蛋。

这样我们初步设计每锅米线2.8元成本，售价8~9元。

建议在月初就要推出，当然，所有新品推出都要经过严格的练习，保证一炮打红。

2. 开发送餐。

这个是长期的工作，建议正式推出的时间在中旬，推广形式以印制彩页为主，发放范围要辐射周边小区、机关、学校、医院、村镇等。

可以设计"一次性订5盒以上免收送餐费""每天前5位订外卖顾客，每份赠送饮品一杯"等优惠活动。

第四章　营运体系

以我长期跟踪观察各地快餐店铺的经验而言，日常经营是最有挑战性的，因为这个层面主要的考察对象是人。我们再聚焦一下，重点关注一下具体的人，仔细欣赏经营中的直接参与者在经营中各式各样的表现，还真是蛮有意思的。如果没有人的活动，物质都是死的，恰恰是经营盘活了产品，实现了价值的转移与兑现。

经营确实是包含着复杂的系统，关于系统这个东西学者们有严格的定义，细究起来有点眼花缭乱，而通俗一点点，系统以上不同系统的组合称作体系，体系的定义没有那么严格，我们不妨使用“营运体系”这个宽泛的称呼吧，营运的不同方面的活动也都叫做“体系”好了。

第一节　定价体系

定价方面的问题是店铺老板必然要知道的问题。一般可以分为：产品定价本身的问题，定价表现形式的问题。

◎ 中国人不是图便宜，而是图赚便宜

⊙ 什么叫便宜

有数据可以量化计算的，比如：1 元钱的成本，别人卖 2.7 元，你卖 2.3 元，你的便宜。

什么叫赚便宜呢？

主要是一种感觉，“感觉”好像也可以数量化，比如，通知你早晨给你三根香蕉晚上给你四根，你不高兴；而告诉你早上给你四根香蕉晚上给你三根，你就高兴了。成语“朝三暮四”来自《庄子·齐物论》中一则寓言故事，无论朝三暮四还是朝四暮三，其实众猴子所得到的果子并没有增加或减少，猴子们或喜或怒就显得很可笑了。

可笑吗？一点也不可笑。

这就是人性。人类社会中很多事情都可以看到这种人性的影子。

著名的心理学的“首因效应”也是讲这个道理的。“首因效应”，也称为第一印象作用，或先入为主效应。是指个体在社会认知过程中，通过“第一印象”最先输入的信息对客体以后的认知产生的影响作用。第一印象作用最强，持续的时间也长，比以后得到的信息对于事物整个印象产生的作用更强。它反映了人际交往中主体信息出现的次序对印象形成所产生的影响。如果刚开始给的多一些，人们的印象觉得一直是“多”的，相反的，开始少一些，整体感觉就可能是“少”的。

那么，这个规律在快餐营运中实际怎么运用呢？

首先，是选餐餐柜里面产品展示的通用序列，我们注意到选餐模式的快餐厅在安排产品出柜顺序的时候，一般都是：凉菜、热菜、面点、粥品、附加饮品（小零食）等这样的先后次序。

其次，是价目表产品排列的通用序列，我们注意到套餐模式的快餐厅在安排产品价日表展示顺序的时候，一般采用：主打套餐、辅助餐点的次序，进而是按照低、中、高、中、低的次序。

甚至餐位的设计也会因地制宜地按照：门口双人台、中间四人台（多人台）、内部双人台的格局排列。

仔细看看，这种顺序不是偶然出现的，如果始作俑者没有经过理性的深层分析也必然对市场反馈——就是赚不赚钱、赚钱多少——进行了深刻地反省。他们共同的规律就是：把便宜、方便的东西放在前面，让顾客最先看到。

再分析一下，其实这里还有一个“近因效应”呢，近因效应是指当人们识记一系列事物时，对末尾部分项目的记忆效果优于中间部分项目的现象。信息前后间隔时间越长，近因效应越明显。原因在于前面的信息在记忆中逐渐模糊，从而使近期信息在短时记忆中更为突出。

就是因为这个“近因效应”，所以后面部分放的东西也相应地便宜、方便。

短短的一顿饭，又是首因又是近因的，难道不怕冲突吗？我们说不冲突，为什么不冲突？因为快餐活动时间短，人们在注重首因以后注意力开始转移——转移到此次餐饮以后的活动去了。潜台词是“吃了饭我（们）要做午休、看球赛等等”这样无形之中使得信息前后间隔加长了。另外，也恰恰是因为“短短的”原因，顾客进店看我们的产品信息，可能按正常顺序开始，也可能从后面开始，不管按哪种顺序开始，这样的安排会给顾客同样的感受。

⊙ 价值价值，关键在“值”

怎么样才会给人“值”的感觉呢？具体的定价策略在营销中是很复杂的，我给加盟商总结出一句话：“在产品能够卖出去的情况下，能定多高就定多高”——毕竟是在商言商，但是有个前提——无论如何定价产品质量和分量一定要做到最好。下面是几种具体做法。

1. 柜台电子称——理性之值。

这个最早我是在天津大学的学生餐厅见到的，当时电子称上面有个专用的大铲子，点的菜先倒在铲子里，然后称重，电子称显示金额，学生刷卡，师傅再把菜倒进餐盒。

现在快餐店的流程更简洁一些。因为是标准餐盘，菜品直接盛在盘里，直接往电子称上面放，店里规定了标准的分量以便收款处计费，而出餐的服务员掌握的重量一般比店里的标准分量多一点点。

2. 大量——物质之值。

还有一种产品设计，不用称量而是直接把产品做大一些——个头与数量。比如有个品牌叫吉祥馄饨，曾经风行一时，现在有些走下坡路了，它的最大特点就是这样：个头很大，一口咬下去，觉得比一般水饺还大；一份馄饨分量也大，就是出力气的体力劳动者也能吃得饱。

这是真的大量，我们说这个是有传统的，东北的杀猪菜，上来就是一小盆子；西安的 biang biang（中文字笔画过多，用拼音代）面“面条像腰带”，也是碗比盆大；四川的毛血旺、水煮鱼，简直是直接把小锅端上来了。这种做法，让我们感到超值——虽然可能大半吃不了。什么叫贵？你感到值就不贵。

3. 小盘盛满——心理之值。

但是，现代人已经走出食物匮乏的时代了，主流的需求趋势是“瘦身”而不是大肚子呢。这个时候理性一点说我们应该减少供应量了，但是前面我们讲过人性是需要“赚便宜”的，这不是所谓的“多吃一点好有力气减肥”吗？矛盾啊，能解决吗？怎么解决呢？

历史上“十六两称”的计量换算单位给我们一种启示，虽然说是半斤八两的差不了什么，但是听起来毕竟不一样了，鉴于上面的这两种情况我们建议在餐具方面做一些改进，就是将菜盘改平，把容积做小；改形，把面积做小。这方面国外也有经典的成功案例，比如可口可乐的细腰瓶。现在，盘子小了，我们把它盛放得满满的，让顾客端在手里觉得要溢出来了，他们是不是感觉“多”呢？

◎不要免费，要送；不要送，要奖

我曾经与一个加盟商讨论设计开业促销活动，按照惯例新店开业总要发放一定的好处给顾客。这是一个馋包店，店里决定拿出一种产品来免费。我逐一了解一下产品，馋包店当然有包子，共计蒸包、煎包两个系列，分别有三种口味，形成六样产品。此外还有三种粥品，三种凉菜。

我问：“送什么？”

他说：“送免费的粥。”

我说：“错了。”

他问：“为什么呢？”

先说说做活动是为了什么。

首先，当然是为了开业炒人气，只要是送东西就必然会吸引到一批人气。

但是，远一步看进一步问：为什么不是送凉菜呢？我们知道，一般中国人的饮食习惯“吃包子喝粥”是很自然的搭配，甚至是所谓的绝配。这种习惯还用刻意强化吗？我们即便把粥免费了，凉菜会有相应的销量增加吗？而如果送凉菜的话，粥他还是要买的，将来我们不送了，粥品销量也不会有相应的减少；但是，一旦消费习惯形成了，当我们不送凉菜了还会有些人花钱买。这就是说我们开业搞的活动一定不要只是为了开业，要想到开业后的长期运营。

其次，注意加盟商说的是“免费”而我说的是“送”啊，免费的话，就是东西放在那里顾客随意取用，而送的话是服务员专门递给他只是不计费罢了。一个是顾客主动、一个是我们主动，有什么区别吗？

⊙ 超意兴的免费粥

我想通过一个小小的个人经历说明“免费”与“赠送”的区别。公司所在的舜泰广场是一个超大型写字楼集群，有十几栋高层写字楼，楼上驻满了各种公司，相应地午餐快餐市场也很火爆——在广场某处开辟专门的流动售餐区，数十辆精致的售餐车整齐地排了几排，品种繁多让人眼花缭乱。真是哈，你说少了别无选择我们厌恨，但是多了惑于选择我们又矫情。

这时候“超意兴”招牌的流动售餐车出现了，我在远处一看到那种背景颜色和鲜亮的字体就知道是它。因为我同时想到的是“免费的粥”——粥免费是超意兴所有店铺的一个经营特色。开始几天那里果然有粥，我一般是和同事王启斌过去，他排队，我提前要两个碗接满粥、占座位，喝完了再去接半碗，吃好喝饱觉得挺幸福……可是，好景不长，后来那个餐车不再提供免费的粥了，我心里觉得别扭、认为他损害客户，然后就不再去了。

记得前年一次我买康师傅的红茶、绿茶，开瓶有奖，买了 2 瓶抱回 7 瓶来，从那以后我买饮料一般就选康师傅的红茶、绿茶。虽然后来更多的是没有奖，但我还是选它，我心里明白不中是正常的，只是潜意识里觉得它的中奖率可能高一点吧。

——这就是“免费”与“赠送”的区别。

⊙ 剩余菜品的处理渠道

我们这一节是谈定价，定价涉及成本，成本中必然要有损耗，比如剩饭、剩菜。实际上剩饭菜是相当大的的一部分损耗，这个问题我会反复提到，这里简单说几个处理方式。

1. 倒掉。

这个就不用多解释了。

2. 即时打折。

一次春天我到黄岛出差，到达时已经是晚上八点多。我进了附近一家快餐店，那时饭菜所剩不多了。

我说：“饭菜不在乎了，我想喝粥。”

服务员立即很热情地告诉我：“现在我们店里交一次钱可以无限次加。”

“是吗？粥还热吗？”我问。

“热着呢，晚上熬得多了。”她回答。

然后——我只要了一个玉米饼、半份土豆丝，喝了五碗香喷喷、稠乎乎的小米粥。边吃边聊，知道店里给服务员授权了：晚八点之后，粥品打折。

3. 社会公益。

还有一种做法，我是听朋友告诉我的。他在一个批发市场做业务，办了附近一家快餐店的会员卡。有一个下雨天的下午，他忽然接到快餐店的电话，说是估计雨天不忙，约请他帮助一起去给附近的几家养老院送盒饭。这样的活动已经搞过两次了，比如给附近环卫工人送盒饭，给幼儿园孩子送饮品等，做这些公益活动的时候，店里会约请周边的一些会员参加。仔细回顾一下，做这些活动的时候往往是天气突变、剩余产品很多的时候。然而这样做下来人们只看到他的爱心，不会注意其他的原因。

注意，我个人觉得这种做法受临时性因素影响太多，受众人群不好确定。既然是临时性的，不妨对应临时人群，比如医院候医人群、车站候车人群等。出于公益心，则不必算计回报。

案例

定价策略，会员卡的“三重惊喜”

关于产品定价记住一句话：如果东西能卖出去，价格能定多高就定多高。

齐河这家馅饼加盟店位置在德百广场南部，顺风顺水的好位置，但是因为整个商场处于起步阶段所以这个店也不是太好做。

我曾经专门上门去指导过一次。当时我们提议的装修设计方案是把厨房安在二楼，扩大进门的顾客区域，但是据说因为楼板地暖增加装修成本的问题，导致一楼布置了厨房，就餐区域窘迫，说是二楼做高档装修吸引客户上去，但是根据快餐消费“时效比”的基本规律，这个很难。

然后，他们问我一个“物美价廉”的产品设计问题。

他们问我：“现在猪肉馅饼已经 2～5 元 / 个了，是不是还要降到 2 元 / 个啊？中间再多加点菜。”我说这样不好，质量下降是一个很致命的问题。但是他们说不降价竞争更没法生存。

我告诉他们：“你推出 8～9 元 / 个的牛肉馅饼。”他们一听就愣了，他们说这样怎么能行啊？2.5 元的都没人买，8 元的卖给谁呀？我说你先不要考虑卖给谁，你一天只做 10 个行不行啊？

推出 9 元 / 个纯牛肉馅饼。

结果怎么样呢？过了几天他们告诉我，纯牛肉的馅饼一天卖出 27 个。这个利润其实是比较高的。然后呢？他又说没人再说 2.5 元的猪肉馅饼贵了。

这就是一个定价的技巧。

还有一次，我去济宁回访加盟店。在杨柳小区有一个很盈利的店，但是国庆节前一连下了几场雨，客人忽然来得少了，他们就准备搞点活动，重点是搞一次卖卡活动。

我问他准备怎么搞，他们说“三重惊喜”，哪“三重”呢？

第一重，充值打折。充100元赠20元，卡上表现为120元；充200元赠50元，卡上表现为250元。

第二重是“消费有赠品”活动，在门口设了一个展示柜，里面有相应的三档礼品，消费满30元的赠送小笔记本、签字笔等；消费满50元的赠送儿童玩具等；消费满100元的赠送台灯等。

第三重是抽奖，每季度对购卡用户进行抽奖，季度末公布。

我问他们效果怎么样？他们说，不是太明显。

因为是我们自己的加盟商，所以我直接告诉他，这套办法不行。

然后我逐一给他们做了分析。比如买卡打折的这个情况，我告诉他们：“去看我的《开家赚钱的店》，第三部分，第九章，第三节《一视同仁——关于定价体系的实战运用》。”

然后我直接给他们重新设计了这个“三重惊喜”：第一重，按照我的书上说的，充100元直接给面值20元的消费券；充200元直接给50元的消费券的，相当于让他们拿到现钱。因为加在卡上第二天可能就没有感觉了，这个消费券呢，他们会念念不忘。

第二重，来店的都是客，进店消费达到30元的就有抽奖机会，凭运气可能抽到大奖。而消费达50元的抽两次奖；消费100元的抽5次。机会均等，这样会增加人们的兴趣，刺激人们来抽奖。有时候他们不是为了你奖品，而是还为了这个抽奖，验证一下自己有没有这个运气。生活中毕竟缺少刺激呀，有趣的刺激更少。

第三重，至于季度抽奖的事儿，当年有人说“十万年太久，只争朝夕”，难道不觉得三个月太长吗？首先，改成每月一次；其次，不要抽奖，要建群评奖，你不是一直说你的饭友群没有火气、死气沉沉吗？你搞点这样的活动，大家不就有兴趣了吗？让大家互相评。具体细节再推敲一下。

经过我这样一提醒，他们恍然大悟，迅速改变了一下，第二天效果就出来了。

还有两家店，我给他们建议对餐盘做了更换，也达到了就餐人员增加了1/3，而利润增加1倍的效果。

一句话，就是让顾客感到“值”，你的产品就有价值，就能盈利。

第二节 薪酬体系

薪酬体系应该是老板们最要关注的一个的问题，可惜真正能抓住要害提纲挈领的人不多。至于有想法的，也不一定马上就会有做法。说实话，一针见血也不是光有针就可以办到的，还要认准“穴道”所在。而中国古人经常说的其实是“莫把金针度与人”（金·元好问《论诗》）吧？就是连针也不给你，持久封闭的大环境里事实如此；但是幸亏现时代我们开放了，我们拿到了那根“针”并且也可以见到一些相关的“应用指南”——也就是理论指导，教会我们应该扎哪里——心理学就是其中很有力的一种。

◎ 两个因素

双因素理论是由美国心理学家赫兹伯格提出来的。他提出：存在着两种不同类型的激励因素，一种是能促使人们产生工作满意感的因素，称为激励因素；另一种是促使人们产生不满的因素，称为保健因素。激励因素的改善，往往能给员工以很大程度的激励，产生工作的满意感，有助于充分调动员工的积极性。保健因素指和工作环境或条件相关的因素，这些因素处理不当，或者说这类需要得不到基本的满足，会导致员工的不满，甚至严重挫伤其积极性；反之，满足这些需要则能防止员工产生不满情绪。

基于以上的分析，赫兹伯格认为传统的满意——不满意观念，即认为满意的对立面是不满意是不确切的，满意的对立面应该是没有满意而不是不满意，不满意的对立面应该是没有不满意而不是满意。也就是说，有了激励因素，就会产生满意，而没有激励因素，则没有满意，也没有不满意。有了保健因素，不会产生不满意，但没有满意，而没有保健因素，则会产生不满。

我们下面逐一分析一下。

⊙ 保健因素

保健因素的具体定义是 ：“在企业管理中，管理质量，薪金水平，公司政策，工作环境，与他人的关系和工作稳定性被概括为保健因素。”

这个定义很清楚了，我经常在全国各地给加盟商讲解的是案例。

我认识一位朋友是理发店的老板，自己开了七八家理发店。有一次我问他怎么样给员工发工资，他说了一句话让我非常好奇。

他说：“有的有，有的没有，优秀的理发师都不要工资。”

我感到奇怪：“那不就是‘活雷锋’了吗？不要工资，难道喝西北风吗？优秀也不用是这个表现吧？”

“哈哈，不要工资要提成呗，算下来可比工资高多了。”他笑了。

我这才知道原来服务行业里面还有这样的薪酬模式。

不要工资，也就是不要底薪，这样一来貌似多了许多风险，也正是因为人家冒了风险，所以相应的提成比例应该高一点，至于具体的数据，每个行业都会进行劳资双方的反复博弈，最后得到一个相对合理的点数。

但是，快餐行业不太适用这种模式，因为快餐行业更需要分工合作。这个方面的状况通过对比可以看得更清楚：好比理发，主要操作是一个技师独立完成的，技术分解一下，洗头、吹发也可以交给学徒去做，但是没有他们协助也完全没有关系，甚至做得更好。相反，快餐是需要几个环节密切合作的，至少前厅与后厨是互相不可替代的；再进一步考察，后厨“包厨”也是有的，就是一个总厨出面与老板谈，最后老板直接和这个人结算薪酬，剩下的工作由总厨全权安排。相对于老板来说确实是“提成”模式了，但是这样做严重的问题是：一则整个运营系统前后沟通会出现障碍，毕竟独立之后他们会追求利益最大化，必然会相应地影响到质量；二则后厨系统封闭运行就会使产品固化，一般而言收入固定了，谁也不会主动在学习、研发新品方面多投资。

为了保持一种平稳的发展状态，基本工资还是要有的。

⊙ 激励因素

激励因素是指包括工作本身、认可、成就和责任，这些因素涉及对工作的积极感情，又和工作本身的内容有关。这些积极感情和个人过去的成就，被人认可以及担负过的责任有关，它们的基础在于工作环境中持久的而不是短暂的成就。

相应的，激励因素也有很多案例。

2013 年的秋末，我去莱阳考察店铺，那一次赶巧了，加盟商告诉我当天正好有一家我们的面店在步行街开业，一中那里还有一家我们的饼店正在装修。

这边考察清楚之后，我和这位加盟商立即去正在开业的面店，这家店位于步行街的一处二楼上。看到整个店铺的状况后我心里暗暗着急。老板过来了，简单介绍之后，我问他情况，他说很混乱。然后很快我就提起一个话题，这也是刚才那位加盟商问过我的问题。

“你们给员工的工资怎么算的？分哪些项目？”我问。

“总共1900元（每月），基本工资1600元，绩效300元”。他告诉我。

“基本工资就不说了，300 元的绩效你都包含哪些因素？”我进一步问。

“100 元全勤，50 元顾客投诉，50 元损毁设备。”他讲解得很细。

“全勤也要奖励吗？”我问，“如果我按时来到店里，甚至每天提前来到，但是到了之后我一屁股坐下，别人再忙我也不去帮一帮，那样对营业额有帮助吗？”

“没有。”

“顾客投诉，顾客投诉不是一种消极现象吗？”我有点不解，“这一条不好掌握，因为我们做餐饮的都知道，这属于极端现象，极端现象不应该经常出现，更不可能每个人都能遇到，所以不应该作为常规的考察项目。对提升全员积极性有帮助吗？”

“没有。”

“打坏餐具也要对应奖惩，那么我为了不打破，我慢吞吞地干，甚至我尽量不去参与收拾，这样的规定对营业额有帮助吗？”

“没有。”

那既然这样，我们还设立“绩效工资”做什么呢？

然后我给他们讲解，做了一些设计。——我的设计，请看本节案例一。

◎ 三种“饼”

⊙一个故事型案例

当年晋国公子重耳与随从的伙计们在外流浪，有一段日子陷入了极度困难时期，饥寒交迫。某个中午，他们在路边临休、打尖，重耳忽然看到有两个小伙计在远处的树下交头接耳、窃窃私语。所谓惊弓之鸟疑神疑鬼，重耳立即把心腹赵衰叫过来，问他是怎么回事。赵衰早有感觉，正准备给主子进谏呢，这不机会就来了。

他故意轻描淡写地说问题不大，就是吃的东西太少了，怎么办呢？主子你把私房钱拿出来，给大家买饼吃吧。——然后他重点讲了怎样分饼以渡过难关的建议。

现在我们人多饼少，怎么分呢？把手下人分成三类：年老的、中年的、年少的。年老的，跟着走了那么久，还不知道能不能看到明天的太阳呢，接下来，他们还要跟你一起走下去，既然这样你就要让他们先吃饱——吃饱了不想家啊——毕竟他们人数不多、胃口也小。中年的，是比较忠诚、可靠的核心力量，啥也别说了，有福同享有难同当，现在是过苦日子的时候，你连红烧肉都不吃了，吃饼也只吃半饱，那么你就让我们和你一起吃吧，吃不饱谁也没有怨言，反而会更加团结一致、众志成城。年少的，年轻气盛，理想远大，他们更关注的是未来会有多么辉煌，而对现在分得多大的饼不是很在意，所谓的“傻小子睡凉炕——全靠身子壮”，所以，对他们你完全可以给他们“画一张大饼”，让他们用心去吃吧。

⊙三种不同员工

根据这个故事，我们可以展开更多的对应：比如“年老的”可以理解为一些不好束缚的技术权威，或者有某种背景的顾问等；而“中年的”可以理解为中层管理人员、小股东等；“年少的”就是一般员工了。

◎为什么剩余产品不要给员工吃

⊙ 剩下的食品怎么处理

曾经与加盟商、同事、朋友讨论一个问题：快餐卖剩下的食品怎么处理？

我听到很多处理意见，各有千秋不好评价，但是我只说一句：绝对不能给员工吃。——至于理由，如果有人问，我可能做或长或短的不同解释。最短的时候我只说一句话：你这样做，员工喜欢吃什么就会剩下什么。

这是人性。

当年荣华鸡作为快餐行业的“中华牌”，曾经一度非常辉煌。但是最终还是在与洋快餐的竞争中失败。其原因竟然是因为一个经营上的小问题。

快餐行业不允许出售隔天的产品。多余出来，当日无法销售的产品该如何处理？荣华鸡的做法是将多余产品廉价出售给内部员工。在20世纪90年代初的那个时期，类似肯德基的快餐是价格比较昂贵且网点极其有限。内部员工可以以低价买到产品，经营者无非是想借此收回成本，节约开支。但没想到的是正因为这样一个貌似节俭的决策，反而造成了这个品牌的失败。

由于积压产品可以靠内部销售处理，因此在生产时便不注意计划，往往一次生产了远远多于销售能力的产品，最后不得不廉价销售给员工。久而久之，依照同样成本生产的产品中处理品比例越来越高，利润随之越来越低。当人们意识到其中的缘由时，荣华鸡的品牌已经很难恢复生机了。

这里需要指出，荣华鸡的失败根本上不是因为“剩余产品”这个问题，需要找到深层次的本质的原因。

⊙ **最好的办法是“0 剩余”**

要做到“0 剩余”也不是不可能，做到之前先分析整个流程中的各个环节，为什么会出现剩余？

从生产环节开始清理，我们可以要求少做一些，控制出品量。那么做多少才合适呢？这个要以满足出餐台的“堆头”美观为准。那么怎么才能做到又美又少量呢？实践证明，只要把柜台的餐盒做的浅一些就可以了。较浅的的餐盒，少量的菜品就可以装满，在顾客角度来看，新出锅的菜品热气腾腾，很有食欲；而出售不久就剩下不多了，这时候给人“畅销”的感觉；快售完的时候，前台可以根据整个销售情况反馈信息给厨房，是不是需要马上追加该菜品。同样的，面食类的展示量也可以这样设计。

这样，实际上会稍微刺激顾客的购买欲望，增加销售量。如果说有不利因素，就是后厨累一些，但是销售增加了一些。有利有弊，怎么办呢？我们应该知道如何选择——多劳多得不就办了吗。

案例一

如何通过设计薪酬体系提高员工（合作方）的积极性

员工的工资应该怎么定？一句话：如果员工愿意接受，那么能定多低就定多低。

我们前面说过了，基本工资就是让他有一个初步的安定。基本工资是不能随便动的，因为你增加也没有多大的刺激作用。只要你不随便给他减就行了。

真正的增加收入要靠绩效奖金。但是，发奖金也不能随便发，一定要发到点儿上——好钢用在刀刃上，要让这个奖金能够真正刺激他们的劳动积极性。

先画个大框吧，根据这个店的利润平衡点，老板给员工算出保底收入来。只要过了这个点，有利润就应该按一定的比例来分钱。

透明到什么程度呢？让大家知道今天我们能够盈利多少，自己大概能够分到多少，每天都能算出来。

结果是怎样呢？晚上9点了，来了客人，老板说：“对不起，下班了，您去别处吧。”但是，这个时候呢，员工一算：哦，通过这个就餐消费，我们能够多分到多少钱。他们会主动招呼客人：您来得不晚，请进请进，我们晚一点下班。就是要达到这个结果。

这里面还有一个窍门，就是分钱的执行者是谁？

一定不要是老板，不要让老板出面分这个钱，因为劳资永远是有矛盾的。你找谁分呢？应该让店长来分。这个时候，表面上给店长权力，实际上也是等于把矛盾转嫁给他，万一有“分赃不匀”的情况。你还有退一步解决的空间。

还有一个特殊情况，是找合作方的。比方说，把店面的早餐时间转租给某一方，自己不做早餐了，在这个时间让别人来我的店里卖早餐。

这种情况下的合作方其实是想利用我现有的客源和设备，他不想再投资开发。比如说我做销售会员卡的活动，且不说这里边是有补贴的，相当于广告费用，他当然不想出这个钱。实际上推销会员卡活动本身也是消耗精力的，合作方不想消耗这个精力。

这个情况怎么办呢？其实也是可以通过分成比例来平衡的。

比如，如果他不参与销售会员卡的活动，他应该给我们营业额20%的租金；而如果他愿意做销售会员卡的活动，我们先收他30%的租金。然后，每一张会员卡我们返还给他一定比例的补贴——这个比例一定要控制好。经过努力呢，让他最后综合成本能低于20%的总租金，这样他就会积极地为我们推销会员卡。

千万不要忽略早餐这一顿啊，有多少老顾客都在早餐体现出来。

案例二

为什么我能做最好的收餐工

这是一个实际的工作分享，事情很小，但是小中见大，值得借鉴。我们经常说“餐饮没有大事，小事做好了店就大了”。

昨晚，开会讨论制定“工艺流程，生产标准”的事情，他们说得有点复杂。我插话举了一个例子，我说，按照管理的基本原理“标准”都是用标准的人制定出来的。

比如，这两天我去总店帮忙收餐，洗碗工王师傅就特别欢迎我——哈哈，不仅仅是因为我和她语言沟通得好，更因为我对收餐的流程有所改进：我是第一个不像别的临时帮忙人员一样把筷子随意丢进收餐车的周转箱里的人。我按照王师傅的要求，在餐桌上就把筷子按大小头的顺序理好，然后固定周转箱的一端把筷子顺好。这样王师傅往洗碗池里收的时候很省事了。她高兴，我也高兴。然后，我又沿着这个思路考虑勺子的收拾流程，我也不再把勺子随意丢进周转箱，而是都把它们留在空碗里，随碗摞在箱里，这样她再往洗碗池里收的时候一把就清了。她更高兴了，我也高兴，因为勺子这样放比放周转箱里面也干净了许多，让我看着舒服。要说弊端也有一点点，就是周转箱里的碗摞高了有点晃，那我就多往里面推送一趟，问题就解决了。

不要小瞧这两点改进，实际上我这样收餐会导致王师傅节省两道工序、提高一倍工作效率！王师傅说：“看你总是乐乐呵呵的，你来我们干得也乐呵。”——哈哈，快乐工作不一定是谁都要做到的，但是一个科学、可操作的流程是可以要求每个人都做到的，这就是我这两天的一个成果——毕竟老板高薪请我来不是为了收餐的。

第三节　设计元素（硬件规划）

◎ 客行线与明亮度——面客区

一般快餐店铺也就是前后两个部分：我们进店可以、可能看到的部分，或者更准确地说是给顾客使用的部分；我们进店不能、不应该看到的部分，或者说只是给店铺生产使用的部分。前者我们叫它“面客区”，相应地后者可以称为“加工区”了。

在面客区一眼望去，看到的是“客行线”与“明亮度”。客行线是桌椅、板凳等空间布局的集中表现，明亮度是所有空间色彩与光线的表现。这都是顾客看到的效果，这个要根据快餐店的本质来设计。快餐讲究的就是“快”——明快、便捷、简单等，表现在面客区就体现在这两个方面。

下面我们分别做详细的解说，以便真正给读者朋友提供“干货”，提供直接有效的指导、帮助。

⊙ 店铺品位三元素之一

我们在《开家赚钱的店》那本书里分析过装修一家标准快餐店的品位三元素：材质、色泽搭配、结构布局。其中材质是实物元素，其价值直接对应价格，需要花真金白银；而后面两种是设计元素，其价值间接对应价格，是一种知识资本。

我们对材质没有多少可探讨的空间，这个直接去专业市场里面咨询就可以了，“货比三家”总是可以有所发现的。色泽搭配呢，连锁加盟的店铺一般有总部统一的Logo，Logo上面直接包含了标准色、辅助色的信息。我们可以大力发挥的是结构布局方面的设计。

⊙ 把最好的区域给顾客

厨房放在楼上的设计思路是我2012年到天津武清考察时发现的，我没回公司就用QQ给当时的设计部发图片信息，建议他们参考，结果这层窗户纸一点就破，设计部很快做出了几个适当的加盟店铺。

我在市场部一般不对同事做激烈的批评，许多问题都在事先沟通，但是有一次我说得很重。那是关于广饶的一家馅饼加盟店。我初春时节去广饶考察新店选址的时候，那位加盟商特意带我去当地新开业的一家我们的馅饼加盟店去吃饭，这家店位置不错，坐南朝北，面对一条主要街道，离老十字街口 80 米，老十字街一带现在还是繁华的商圈，三面的街角都是较大型的商场，肯德基、麦当劳、福粥城各据一方。

新开业的这家店是二层楼房结构，据称单层有 80 平方米，推开双层门进去，左边摆设就餐桌椅，右手是长长的出餐台，出餐台末端接一台收款机，整体直到 3/5 的深度，与楼梯上梯口相接。再往南，楼梯后面设计厨房，厨房相对狭小，达不到理想的面积，操作受影响。楼上就显得有些太空旷，因为一般情况快餐顾客不喜欢上楼就餐，当时还是天寒地冻，上楼的顾客都选择在楼梯南方就坐，大窗台前阳光明媚，正是厨房的上部，摆设双人台与四人台各三组。

我看到这种情况当时没有说话。回来后，我查清了具体选店的同事是谁，在市场部交流会的时候严肃地做了批评：我们几次交流过这方面的信息了，你为什么还出现这样低级的错误！这个店铺很典型，你当时就应该建议他们把厨房设计在二楼，具体一定要在二楼的北部，临窗，一是节省排烟道的工程造价，二是增加厨房采光，因而节省照明用电。传菜采用食梯，食梯位置在收银台附近或者出餐台前部（亦即最北端）。

最关键的是一、二层朝阳的南部空间都要设计成就餐区，也就是把最好的区域给顾客使用。

⊙ 把最大的方便给顾客

当然，对上面的案例我还是特意称赞了一下，就是出餐台的设计还是很人性化的。我说它“开门见餐”体现了流行的快餐风格，另外出餐台位置也利用了“靠右行驶”的潜意识，这些都便于顾客选餐，通过细节为顾客提供舒适的感觉。

这个思路我在济宁杨柳小区一家馅饼加盟店也运用过。这是一个几乎正方形的店铺，两间通透、坐东朝西的房子，门口在北部，这样的开门位置，出餐台一般就在进门左手边。我建议重新开门到南部，然后顺理成章把出餐台设计在进门的右手边。加盟商当然希望前期装修省事，没有必要就不做改动了，他们问："为什么这样改——不就是一个门槛的事儿吗？"

我问他们："你从小养成的走路习惯是靠哪边走呢？"

他们说："是靠右。"

然后我说："既然是这样，客户进店之后潜意识里是不是也觉得要靠右走呢？"

"是啊。"

还有一次，在泗水。我们在实验小学门前大街的南段确定了店铺位置，是新开发的临街底商，毛坯房——白纸一张，好画最美的图案呢。与房东谈妥各项条件、签订合同，然后我和加盟商开始讨论设计方案。因为进深较大而厨房距离门口较远，加盟商想把出餐台放在进门较远的店铺中间位置，我立即明确反对。

我说："这样不好，因为快餐要快，尤其是学校附近的位置，就餐高峰期很集中，一定要让顾客不仅一目了然，而且一进门就开始进入选餐状态，一则是主观上迅速抓住顾客，再则客观上正是给顾客提供了最大的便利。"

所谓润物细无声，好的设计就是这样，自然而然地出现在很方便的地方，顾客按照他们平常的行走习惯完成一次消费。另外，就是主题鲜明、功能展示简洁，顾客进店就不用过多的考虑，真正的宾至如归也许就是这样的，一句话：把最大的方便提供给顾客。

⊙ 并不是都把最好的给顾客

任何选择都是有条件的，不是不分情况都生搬硬套。有些时候还要故意反其道而行之，不仅绝对不会把最大的方便给顾客，甚至也不会退而求其次，而是特意让顾客不舒服、不方便呢。

1. 桌椅设计。

想必大家也都注意到了，快餐店的桌椅无论硬度、角度都不适合久坐，一楼尤其是这样。为什么呢？当然是通过这种感觉督促顾客进餐速度快一点，然后离店迅速一点。当然，楼上的桌椅设计可能稍微不那么别扭，以便顾客多坐一会儿，坐久了"混个脸熟"好成为回头客。实际上，因为顾客一般情况都不喜欢上楼，我们桌椅的设计是为了让他们更容易上楼罢了。

2. 卫生间。

同样的道理，卫生间设在楼上。顾客就餐不愿意上楼，他可以在下面加个座，但是真有上厕所的需求他会直接上楼去的。至于上楼之后总要注意到楼上的桌椅吧，等于是我们引导顾客上楼进餐的目的启动了第一步。

3. 儿童区。

儿童活动区域也要设计在楼上。儿童活动区域是为带孩子来就餐的顾客提供的一种设计，这个要根据店面的具体面积决定是不是需要有。烟台栖霞桃村有一家王家快餐店一共四层，他们把儿童活动区放在顶层，当然不方便，但是照样有一些顾客带着孩子在那里玩耍，这样看来他们设计的效果是达到了：一是吸引特殊需求顾客；二是引导顾客看到了更多就餐区；三是充分开发利用了店铺空间。

◎ 厨房的细节——加工区

⊙ 国家有关管理部门的有关规定

在厨房设计方面国家相关管理部门制定了系统的管理规范，其中有几项是硬性规定，比如消防，生、熟加工区的分割，垃圾专用通道等。原则上我们都要严格遵守这些规定，当然有的地区要求可能低一些，但是对于一个有理想的经营者来说应该高标准地要求自己，只有努力把内在的基础夯实才可能做大做强。

现在我们从实际投资的角度来计算：一次性建设到位也会比经营中停业改造更有利于投资回报，既然是商业经营，我们就要追求利润最大化。

有关规定都有成文的资料，个人投资创业要尽早学习、了解相关文件，这个可能是相当繁琐的事情——实际上整个创业过程中繁琐的细节还有很多。新兴的连锁加盟管理公司都有专门的职能部门做这方面的工作，可以帮助创业者提前规划，从而避免很多这方面的麻烦。

现代社会发展的大趋势是严密、科学的分工与合作，因此我们说将来的快餐业必定会以连锁加盟的品牌店铺为主流。

⊙ **济南欧江缘厨房的设计**

欧江缘中式快餐店铺在济南北园大街，山大二院往西约66米路北。

我对整个店铺的选址、设计、装修都做了细致的跟踪。其中的厨房设计有值得参考的地方。

我们那次去的时候，前厅（近300平方米）装修已经结束，我们重点查看后厨的布置。

厨房那地儿的整体空间是这样的：接着前厅截出一段面积9×3.5米的长方形，西北角方向又截出一片外搭的长方形空间面积5×3米。当时已经把地槽砌好，正在接电线，插座、开关等位置都已经确定了。我仔细看一下，他们的设计思路是这样的：厨房操作间全部安排在前面的长方形面积里，紧密地布置了灶头、蒸车、电饼铛，大约4.5米的长度给炒菜、熬粥用，3米的长度给面点用，此外留出两个门口出入的空间，分别到达库房和洗刷间。洗刷间就是另外搭建的那个空间，整体做餐具回收、洗刷用。

我略微一算，马上告诉他们说不行，这个设计看起来很完整、很简捷，但是银样镴枪头——中看不中用。

首先，面积不够用，尤其是面点加工区，在大约10平方米的面积要布置案板、和面机、电饼铛等设备，还要有足够的员工操作，根本放不开，要知道根据我们前厅的规模可是设计起步5000元流水的，到时候顾客进来了你拿什么卖给人家？你做不出来的。

其次，把餐具回收、洗刷放在后面，到时候你得转多么大的弯才能把它送过去呢，是不是要推到消防安全门外面，走到店铺后面的院子里面去呢？他们说真是这样安排的。这明摆着在浪费人力。而且，洗刷也不需要那么大的空间啊，这也是一种浪费呀。

怎么办？

至少我们可以考虑把面点加工区和洗刷间对换，这样面点加工区的空间绝对地增大了，而洗刷间搬过去不要用那么大面积，还可以给其他操作让出一定的空间。

这样还有一个好处：洗刷间前面一墙之隔就是前厅，开一扇窗口，或者直接开一道门，回收餐具很便捷地就送进来了，这样差不多省了半个人工呢，这可是每一餐都在创造效益啊。

开始欧老板还有一点犹豫，他说人家加盟公司总部的设计部都给画好了尺寸，这样随便调不好吧？然后他又说基础都建好了，电路也得改，有些麻烦。

麻烦？要是不改那以后麻烦还大着呢。

这时候，我的犟脾气上来了，我干脆制止了那个正在紧张地赶工的电工师傅——不行，这个活儿有疑问，停工吧。

我们开这个店是不是为了赚钱？

既然要开家赚钱的店，我们就要在不触及法律的原则上脚踏实地地安排所有工作，一切不合实际的做法都必须改，什么权威？什么面子？如果没有实际效益最后什么都不是。

幸而欧老板不固执，很快决定：就按合理、适用的要求整改。

◎ 排水、排烟、供电——背后的区域

相对而言餐饮店是最难找的——在通常的实体店铺里面，标准快餐店要求的辅助设施最多。比较一下，服装店只要照明好一些就足够了，甚至自然光也不是不可以。网吧只要强电、弱电线路连接通畅就好了。蛋糕店、饮品店有电再加有水就不错了——如果排水不方便，加个污水桶也能够应付。

餐饮店要求的就不止这些，水、电是必须的，另外还有通风、排烟。这些有时候顾客是不注意的，习以为常了，但是为了提供这个正常的服务我们要在背后做许多工作。

⊙ 排水

排水在这三项里面是相对最容易做好的，“水往低处流”，只要有出口一般就可以了，但是有时候排水也会成为瓶颈，给我们制造麻烦。

那次在通辽就是因为排水而产生一个找店的遗憾。当时我和加盟商吕玉龙一起看好了刘老根大剧院下面的一处店铺，大剧院下面是一处中型商场，商场的南端部分是对外的商铺，上下两层，其中上层的一家店铺正在出租。我们大致看一下区位、朝向、商圈背景、门前通道，觉得比较合适，然后进一步考察人流状况，包括出入途径、流量、年龄结构、性别结构、消费层次等。初步认定这个地方做中式快餐会有不少顾客，盈利有保障。于是我们联系房东，详细了解房子的情况，准备接手开店。

问题渐渐出现了。我们先看到店铺里只有上水、没有下水，我们没有太在意——因为隔壁正在经营一家理发店，他们是有下水通道的。我们开始讨论的是接通管道的路径与费用，房东起初说他们不负责，后来答应减免一点装修期。然后我们又讨论了其他问题，并且顺便观察了北端的几家餐饮门头，好像也是正常经营着，但是我总是有一种疑难的感觉。为了确保后续工作顺利，我催促他们一起找商场物业处咨询管理人员相关情况。结果有位副主任说没有大问题，她还派水电工陪我们去楼下观察下水道接口。房东和加盟商都很高兴。

看罢接口，他们依然高兴，但是我的疑虑更大了。因为我看到下水主管道的管径太小，只有 5 厘米的样子。另外，楼下的那位店铺经营者听说我们要做快餐的时候，说这个下水系统有时候堵。这样，我特意回到物业处详细地咨询。恰好他们主任回来了，他明确地告诉我们：下水道不能用。因为这个商场是按照服装商场设计的，根本没有设计高规格的排水。实际上是，建设工程偷工减料，现在开业这么些年也没有通过验收，就连做卫生间都不合格，做餐饮更是不行——说实话，我们商场本来也看中了那个位置，也想要做一个餐饮，那是个很好的地脚儿，但是真不能做。

吕玉龙还是不死心，我也觉得应该想想办法，于是我们又回到商场南端，反复观察。小吕问：“我们能不能自己接一道管子通到商场外面去呢？”我觉得可以先看看外面有没有接口，然后我们又在商场内外走动起来。如果真的要接管道，必须从商场南端走到北端，至少 150 米的管道，才能接入后面的市政排污口。我初步计算一下，这个投资其实不太大，完全可以接受。吕玉龙也为他自己的创意感到兴奋，好像问题就这样迎刃而解了。

但是，下午我们找到物业处的时候，主任一句话就把我们的希望之火泼灭了，他说："冬天一定会结冰，管道会冻裂的。"是啊，这里是通辽，有着漫长的结冰期啊。

最终，这个位置上佳的店铺，就因为排水的问题，无奈地放弃了。

⊙ 排烟

关于排烟，这个问题逐渐成为一个"热点问题"了。最近两年，我亲眼看到的就有好几例。

济南堤口路有一处大型居民社区，对着社区大门口有个广场，广场面对几栋商住混合楼，楼底是底商店铺，楼上是居民住房。底商有超市、诊所等，此外还有一家刚刚开业就关门的小酒店。我们通过朋友接触到这个小酒店的老板，他提到这个小酒店就是一脸无奈。他说这广场面前的底商是居委会的产业，很多人想要租可是根本没有机会，他一张口就要了两处：那个超市和这个酒店。全社区几万人几乎都走这边，此外也没有其他开店的地方，生意那叫一个火，超市一开张营业额就呼呼地上。酒店开业前几天，一直座无虚席，可是问题很快出来了。楼上居住的老太太，说他老头子有心脏病，怕响，不让这边开油烟机。当时装油烟机时，末端油烟分离空气净化都安装的是最好的，都是环保推荐产品。该想的都想到了，想不到这次人家找的是噪声。期初他们也想糊弄一下过去，可是老太太不吃这套，每天上午酒店一开工她就过来，在门前一跪不起！豆腐掉进灰堆里——打也不是骂也不是啊。最后问她这房子多少钱？我们外加 20 万元买！可是老太太就是不卖。无可奈何只好关门。

这样的情景在鲁南某个县城也出现过，是一家家常菜馆，也是在一个小区里面，据说都开业三个月了，也是很火爆，但是后来忽然出现了一群老人，就餐时间在店前静坐。眼看着家常菜馆的生意就凉了，店老板连个对话的都没有，正在老老实实地找人转租呢。

还有一例，我还保存着店面的照片，那是在衡水发生的。沿着衡水湖大道向南走，远离老城区是成片的高档楼盘，我们的加盟商在这些楼盘中间看中了一条大街，准备投资开快餐旗舰店。路南沿街是高层塔楼，楼座两层的裙楼成排地连接起来，开出底商。凭经验一望即知：高层正下方的店铺建筑结构不好，管道系统也不好。所以我连看都不看它，我径直往高层中间的裙带部分走去。这时候我就看到了那家已经装修好的特色菜馆，位置恰恰在高层下方的外缘，可以说是一个擦边球——因为他的排烟离民居房间太近，有时候居民有意见。擦边球往往都会成功的，因为开店的都比较聪明吧，但是，这个地方有点儿例外。因为这个花园小区的居民太强势，最近发展到派出所出动，过来制止菜馆开业，于是店铺就停滞在那里了。

总之，餐饮店与居民户的矛盾这种情况，林林总总不一而足，我们不好说谁对谁错。既然有这种情况，并且越来越频繁发生，我们从投资这一方看问题就要注重保险系数，本来就是“投资有风险，决策需慎重”，必须把问题给投资人说清楚。

⊙ **供电**

相对而言供电是问题最小的一个因素，但是偶尔也有事情会发生。

在济宁，有个年轻的加盟商小张老板，开了家快餐店做面。因为受到投资能力的限制，他的店面比较小，是在一个小学对面老式居民楼改建的临街楼底层，位置还真不错，但是建筑的各种配套设施老旧了。有一天赶上会考，顾客成倍增加，不光有学生还有家长，店里开足马力生产，人人都紧锣密鼓地行动。可是，偏偏在这种形势一片大好的时候出现意外——电力超负荷，跳闸了。

关于电力，我们当然首先要咨询入户线缆的粗细，这个网上有各种详细的推算口诀，可以很方便地参照，这纯粹是个专业技术的问题，在此我就不多展开了。但是，要提醒一下技术外的事项，比如，我们有个加盟商在一处新开发建设的集体房产的商场拿到了一个独立店铺，商场的入户线也是高标准的，我们还特意打开配电箱查看，真的是足够的，但是伤心总是难免的——等到超负荷跳闸的时候我们终于弄明白了：原来因为工作衔接的关系，供电局给他们商场变压器的配额是小的，人说“大河有水小河满”，现在是大河没有水，小河修得再好也只是摆设罢了。

◎ 疏通出入口——快餐之快

快餐讲究速度，靠走量赚钱。要想快呢，当然店铺和顾客都要快才好，但是最容易做到的还是店铺这一方。店铺一方操作流程之中直接可见的环节不外乎“一出”“一入”两个环节，也就是出餐和收款。下面我们分析一下。

⊙ 出餐方式

关于出餐方式我们在《开家赚钱的店》一书中有过明确的分类。并且，在下一节我们还要从顾客角度做一下分析，现在本节是在考察硬件设计。下面是发生在济宁豪德商城的一件实际事例。

这是一家馅饼旗舰店。沈建伟在装修刚刚结束的时候来看店，帮助筹备开业。李老板的店铺一层就有150平方米，结构是南北通透的长方形，南北长19米，东西长近8米，但是，南北中段靠东边有一架楼梯，此外一是在东边南部做了一面隔离墙，为上楼梯做通道，二是在东边北部设计厨房。这样一楼面客区的整体平面就呈现为中国古币“刀币”的形状，或者说是两个长方形的对接，北部是窄长的长方形（南北9米，东西6米），南部是比较接近正方的长方形（南北9米，东西11米）。当时，他们设计南部长方形为单纯就餐区；北部长方形混合出餐台与就餐区——东边靠厨房是长长的出餐台，收款台与出餐台一体相连，设计在南端。出餐台宽1.5米，相应的西边设计为就餐区，摆设0.6×1.2米的四人台硬椅快餐桌，餐桌与出餐台之间1.5米的宽度为顾客取餐路线。

问题出在取餐线路的设计。沈建伟问李老板：“哪边是正门，主入口？”

李老板很肯定地说是南门。

那么，这个设计不合理，沈建伟明确地指出来：“你们想一想，顾客在南门进来，他必须端着餐盘到北头去，按顺序选餐、结账，可是这本身就不方便——人们习惯、也喜欢进门就能取餐；另外，如果顾客不断进来，结账的和排队的会有一个面对面交会，人稍微一多就会堵，形成拥挤现象。这样一是表现为我们店里管理混乱；二是有人可能趁机端着餐盘直接到西边餐桌去吃饭——他可能想着吃完了算账，但是也可能吃完就走了。”

那么怎么办呢？

沈建伟提议：可以考虑把收款台改到北端。但是李老板说是大理石的台面已经切割好了，不能改了。

然后沈建伟又提议：那就沿着出餐台加设一道隔离板，形成取餐通道，增加客行线的宽度。相应的西边的餐桌减短，改为0.6×0.6米的双人台。这样一来顾客自南门进来，稍微引导就会沿着隔离板的西边前行，到出餐台北端取餐盘，沿着出餐台顺序向南，选餐、结账，然后到餐桌就餐。这样还有一个好处，就是提供了排队的空间，尤其是寒冬或者酷暑，客人可以到店里等候了。

大家都很满意。

总结一下，我们一定要注意“用制度管理员工，用布局引导顾客”啊，管理员工先不展开说了，如果管理、引导顾客还得不断地语言提醒（甚至肢体触动）的话，那是必然要失败的。

还有，我们在《开家赚钱的店》里已经详细地讲述了，就是厨房尽量设在二楼，比如上面李老板这个店。设在二楼还要注意建设升降食梯的位置，做好了这个，投资是绝对超值的。

⊙ 收款

从店铺设计的角度来看，收款是出餐的末端，两者互相衔接。一般标准快餐店需要注意两点：一是尽可能在收款处安装监控摄像头，这样一旦出现错钞等情况会有很明确的物证；二是客流量大的情况，可以准备两处收款台同时工作。

对于一些规模超出标准规模的特大店，就要考虑采取分散收款台的形式了。

总之，要以顾客方便为原则，只要做到了真正方便顾客，店铺的效益也就会相应地提升了。

◎ **性价比、投入产出比**

性价比是商品的性能值与价格值之比，是反映物品可买程度的一种量化的计量方式。其具体公式为：性价比＝性能／价格。性价比应该建立在消费者对产品性能要求的基础上，也就是说，先满足性能要求，再谈价格是否合适。人们购买产品时，都会选择性价比高的产品购买。但是，产品的性价比应该建立在相同的性能基础上，也就是说：如果没有一个相同的性能作为比较基础，得出的性价比是没有意义的。

对整体的投资而言，更能够准确评论的应该是投入产出比，即指投入项目全部投资与运行寿命期内产出的工业增加值总和之比。它适用于科技项目、技术改造项目和设备更新项目的经济效果评价指标。其值越小，表明经济效果越好。我们在此讨论的不是工业增加值，我们讨论的是第三产业。下面说两个具体的例子。

⊙ **快餐与简餐的效益对比**

关于快餐与简餐的本质区别我们前面讲述过，这里专门从设计角度分析“桌效”与“椅效”的差异。

我们知道，传统的餐饮店铺稍微有一定档次的，比如，小酒店桌子一般没有双人台，最少也要四人一桌，这是目标顾客群体决定的——因为喝酒的人比较容易集群。而标准快餐店铺里面双人台很多，布置起来更加灵活可以见缝插针，这也是目标顾客群体决定的——因为吃快餐的人大多是一、两个人一起。

传统酒店设计桌子尺寸大——面积大了可以多摆碗碟，增加就餐点菜的数量，追求单次消费额。而标准快餐所选桌子面积较小——这样可以在店内多增加桌椅数量，追求就餐高峰上客数量。

传统酒店桌椅讲究舒适——因为这样客人可以在“温柔乡里乐不思蜀”，他们坐久了一是可能加菜、加酒，当时产生附加消费；二是加深好印象，开发回头客。标准快餐店恰恰相反：桌椅光、硬，不太舒服——就是要顾客不便于久坐，增加翻台率。

然后，我们看看结果，归结到“效益”两个字。传统酒店以单桌消费为计算单位——不管是四人台还是多人台，只要有人坐下了，这个桌子暂时就成了那人的私人领地，别的客人不会再来就坐了。而标准的快餐店是——哪怕你对面有个空位，别人照样可以去坐，谁也不会感到意外。

虽然酒店单次人均消费高，但是快餐店每餐次一桌子算下来流水也不低。

此外，我们看看桌上的碗碟吧。小酒店也越来越大——我说盘子，你看看炒鸡上来了，差不多占了半个桌面，价格不低，但是人家量大呀一盘子菜 4 个人吃不了兜着走；还有更大的，你看看，一条鱼 7、8 斤，酒店里也没有办法一锅炖了，只好“一鱼八吃”了，可他还是那条鱼啊。快餐店却是越来越小了——你看看盘子，先是半份的出来了，然后再小，就是半份的拼盘了，越来越灵活，花一份的钱，可以吃到几种口味；而且刀工也越来越精细。

——虽然酒店一份菜品定价高，但是快餐将酒店一份菜品的量分解出几个单份合计起来售价甚至超过酒店的。

当然，接着分量这个话题，不得不说快餐的灵活性有助于“光盘行动”、有助于中国人的营养健康。这点我到第三部分再展开论述。

——还有，就是消费时间，在当前的社会快的生活节奏状态中，这个已经是不言而喻了。

总之，总流水、毛利率，再加快节奏，分解开看，快餐的投入产出比例都可能超过酒店。这也是为什么近些年标准快餐店越来越兴盛的硬道理。

⊙ 压低房租的四种办法

其实合同工作可以分为两大步骤：谈合同和审合同。前者是讨价还价，后者是推敲具体条文，重点是谈合同。

关于店铺房租价格与转让费等成本，我们绝对是希望越低越好。

第一，压低房租有四种途径，一是直接砍价，尽量压低；二是可以要“装修期”，或者叫“免租期”，对新房出租必须要提，对旧房出租的一手房东也要提，至于转让的试着提一下，可能性较小；三是在砍到合理价位之后，要求房租合同期足够长，3~5 年房租不涨，也是一种策略；四是分期付款，房租定在双方接受的幅度之后，要求半年付、季付、甚至月付，这样很好地减轻资金压力，也是一种相对压低房租的办法。

第二，有时候根据实际情况我们可以要求房东给予实质的投入，比如空间改建——楼梯、加层等，又比如基础建设——地板、水电暖等。节省了我们的资金投入也就是相应地节省了租金成本。

第三，还有务虚一点的途径，比如外围墙面，要求房东给我们争取广告面积；门前场地，要求房东给我们开通道路、开发停车场地等。有个很特殊的例子：我们北京的加盟商在易县拿到十字街拐角的一处店铺，我建议他把沿街店下边隔着院墙相连的一处公共厕所接管过来：我们给接上电灯照明，派专人打扫维护。他怕自己谈不下来，于是找房东咨询，房东很痛快地帮他联系成功了。为什么要这个公共厕所呢？一是可以节省我们的店铺空间，不用在店里设洗手间了，我们管理那就理直气壮是我们的；二这是很好的公益形象；三则，运作好了也可以考虑开发广告空间，对外招租还是一块收入呢。

总之，要时刻关注投入产出的比例，有时候我会这样回答一个问题：“怎么叫房租高？只要我能赚到钱，这个地方的房租就不高；相反你就是 5 角钱，我投资以后不挣钱，那也是高。”

⊙ 关于转让费

关于转让费，最初产生的理由一是因为空房装修的实际投资——不论你接手之后用不用，反正我是真金白银地花去了，毕竟有很多时候有些装修也还是可以继续使用的，比如上下水、煤气管道、消防喷淋等；二是因为“培养市场”的惨淡经营——我当时在这个地方开店，是第一家，“万事开头难”你知道我坚守的艰苦吗，现在我把门面撑起来了，有了老客户。但是，后期转让费就变得有一点复杂，一般就说是“机会溢价”，我们租房需要砍价的主要是这一块，弹性比较大。

在此我们需要明白一个观点：转让费可以视为一种押金，这个是可以收回来的。这是我刚刚碰到转让费问题时候的一个想法，后来我在湖南郴州遇到一位高明的实体店铺投资人——唐老板，他直接就说："这个转让费我先押在那里，到时候我转手的时候再收回来。这个跟股票一样可能飙升也可能贬值，全靠我实体店的经营业绩来支撑的。"

这样看来转让费是不能算在经营投资的成本里的，那算是风险投资吗？投资都有风险，并且只要有风险的地方就一定会有人进来搅和以便火中取栗，下面我们看看台城的特例。

在我评估店铺的经历中碰到过很多超越常识的情况，台城的转让费就是比较离奇的一种现象。

先是在城西北部几个大学附近，学校之间有一条窄道，窄道路北边是整齐相连的 4×4 米的简易房，各式各样的小吃充斥这些简易房。没到饭时人流已经开始聚集，尤其是窄道路的东端的路口，已经出现拥挤现象了，这里与城市干道交会，两个高校大门也是面对干道，学生自由出入大门口。第一家是两间相连的门面，经营的是麻辣烫和小火锅工艺混合的那种饭食，出餐口就在简易房门口，热汽腾腾。人们在门面前的地摊上挤挤挨挨地坐下，埋头大吃。这两间窄道路简易房的开发商略带羡慕嫉妒恨的神态给我们讲述：两年前开始招商，这个店的老板一口气要了两间，当场交了一年的租金 4.6 万元，签了 5 年的合同，租金每年 8% 递增。当时觉得不少了，因为里面的单间才 1.2 万元／年。但是想不到这条街一开就火，尤其是那个土火锅，卖价定得低，但是吃的人多啊，一年差不多赚一套房。更想不到第二年他转租出去了，单纯的转让费你猜要多少？ 20 万元！最后 16 万元成交的。

不知道是这个事情刺激了整个台城商铺出租市场，还是因为台城市场上早就有这种习俗？我们到台城其他商圈去咨询转让商铺的转让费的时候都是一个字：高。

关于"转让"对经营的影响，有一个有趣的现象——我经常看到一些服装、鞋帽店铺门口张贴着“品牌停产，血本甩卖”“租房到期，赔钱甩货”“最后3天，给钱就卖”，结果呢？30天过去了他还在拼命甩卖。此外还有红木家具、观赏瓷器店等也经常搞这一手。温和一点的，在店铺门口贴个“本店转让，欢迎洽谈”，让人觉得也许能够淘到便宜货，于是蜂拥而进，满载而出，殊不知过了一年这家店铺还在继续转让。但是，有一种店铺不敢玩这一手，那就是餐饮店，如果一贴出来马上门可罗雀。为什么呢？当然与开篇我们分析的“消费形式”有关，你贴的条子当然是因为滞销，食品的特点是及时型消费、要求新鲜，滞销过期谁还要呢？而服装等就不一样了，它的特点是重复型消费，所谓“穿1年前的衣服是落伍，穿10年前的是老土，穿20年前的是另类，穿50年前的是经典，穿100年前的是新潮。——这就提醒我们：转接店铺的时候，贴出来的餐饮店我们要注意分析它的经营情况；而对于一些看起来经营不太景气而我们考虑转接的餐饮店，没有贴“转让”我们也可以上前咨询。

我们找到一家一边经营一边转让的店铺，与老板絮絮叨叨了好大一会儿，他经营的饰品店其实并不赚钱，但是因为房租不太高也勉强可以支撑着，现在支撑他的信心的更是期待中的转让费。他说台城就这样，有人就拿转让费做生意了，瞅准一处店铺就租下来，甚至连装修也不做，就贴上转让，转让费比一年的租金可高多了，这叫“转的就是心跳”吗？

他这一说不由地让我想起在山东临沂市发生的一件事情。我们的同事李鹏飞为加盟商选定了一处位置、结构、价位都很合适的店铺，只是看起来很脏乱。就因为看相不好当时加盟商还不想定，李鹏飞又选了两处，给他参照，告诉他怎么清理、美化。最后加盟商犹豫着定了这处，按照李鹏飞的意见进行了初步处理——无非就是清理垃圾、刷刷大白，因为具体的装修要等设计部出方案。可是意想不到的事情忽然发生了：他刚刚刷了一遍涂料，还没有晾干的时候，有人找上门来了，说看这店铺又敞亮又整洁——简直就一“高、大、上”啊，好地方，求转租。而那个加盟商经不住诱惑，他收了20000万元转让费，给转了！你看看，就是一层大白的事儿。然后呢，他沾沾自喜地找到公司，要求再给他找店，我询问情况，他原原本本地说了一遍。我真想踹他：你转低了！你知道你在那里做一年多收入多少钱吗？

案例一

利润计算单位、餐具配比数等

我这是第二次来为黄岛老刘哥评估店面了。下午完成威海的工作就立即奔青岛来了，恰恰搭上了去黄岛的隧道线公交末班车。

第二天一大早，我还在跑步的时候，老刘哥的电话就打过来了，原来他已经到城市桂冠那里去蹲点观察店面了。我很高兴，告诉他我立即赶过去。

老刘哥对这个店是有极大关注的。他给我指小街两端的衔接路径，都有哪些机关单位、商场、超市、宾馆、写字楼，然后具体的几家做餐饮的店铺在哪里，他也都清清楚楚的。他还大略地指出了周边人群的行走路线。他是一个爱学习的人，有这种精神不愁做不好快餐店这份事业。

然后，他又提出几个具体的问题，首先是：一个快餐店要装备多少套餐具，有人说3倍于座位数，有人说要5倍，到底哪一种对？

我告诉他，这个问题还是比较浅显的：够用就可以了——员工和厨房够用。

比如，单说餐具，根据店里的座位数，餐具套数是其2~3倍就可以周转了；但是，一定要考虑到用餐高峰期店里员工的配备情况，如果人手紧张则一定要提高餐具的配比数量。过去有个说法叫“以空间换时间”，现在也是这个道理，具体说是以物力换人力。

然后老刘哥又问我计算营业利润的时间周期，他说加盟公司有些给他算“一个月”的成本与收益核算，他觉得更清晰一些，好掌握。实际上有几种利润计算方法，一种是以“天”为单位，一种是以“周”或“月”甚至“年度”为计算单位。我们怎么计算利润呢？

我立即告诉他：不要犹豫，要按天来算，因为我们必须做到日清日结。

选择统计单位是要根据实际的投入产出情况来决定的。计算方法必然会影响到具体管理，计算周期越短越容易发现工作中出现的变化，并及时解决问题，总结规律。

我们讲到通过薪酬体系增加员工积极性的时候就说过，要让员工每天都看到自己绩效的结果。这样能够很有效地激发员工的热情，激励他们关注顾客需求。

他还问我一个问题、“员工积极性在哪些方面影响利润？”

我说这个问题有点复杂了，因为这是一个大问题——大到与企业战略有关系了，但是这个问题其实又是一个具体的小问题，可以在最基本的公式上体现出来。我们知道：毛利润 = 座位数 × 上座率 × 平均客单价 − 直接成本。首先，员工热情待客会增加上客率；其次，员工工作积极也会压缩直接的用工成本。

案例二

租金与提点的利弊对比

租金大家都很熟悉，最近市场上出现了“提点”的模式，大商场美食城、学校食堂、医院餐厅等经营场所纷纷采用这种招商方式，这个与集约化运营的实际情况有关联，不过万变不离其宗，本质上就是怎么分钱。辛辛苦苦干下来，顾客盈门，累得要死，最后一算不挣钱，那样谁也不干。

我们有个加盟商邀请我去某县二医院考察，这是在乡镇驻地的一所医院，最大的特色是妇产科特别“火”，吸引得周边乡镇、甚至邻县的产妇都来这里生孩子。

医院有一处独立的大餐厅，上下二层楼，接近1000平方米。楼下快餐，大厅散座式布置，设有厨房、就餐单间；楼上中间镂空，四周是单间，功能为客房、办公室。

据说以前这里曾经主打酒楼业务，生意还很火。后来随着煞吃喝风的局势，炒菜生意下滑，而随着妇产科的“火”，快餐需求上升，于是医院决定转型做快餐厅。

他们的招标书上说的是：医院提供所有设施设备，包括全部厨房设备、餐具设备，新装修大厅等；此外水、电费等全部由医院提供。

他们不要房租——要提点。

我们的加盟商有点懵，要我来帮他算一下，多少点合适？

这种情况，我们在山西晋城也碰到过。那是北京的一个团队，拿下繁华地段一个商业大楼的顶层，然后做统一的分割、装修，他们把四围做成厨房，中间统一的塑形桌椅就餐区。因为专业的团队运作，所以他们的厨房也是“拎包入住”型的，并且就餐区统一安排回收餐具，厨房只管专心出餐就好了。他们设计的顾客付款形式是这样的：顾客上楼进美食城之后在出入口买卡，然后进场任意消费；每个厨房档口都不许收现金，只能刷卡。这样资金首先进入运营团队的财务，然后根据打卡机的数据按照提点协议给各个厨房分账。但是有一个约定：进场厨房连续 3 个月达不到指标（或业绩最差）就要退场。这样一是保证了出餐品质，二是保证了运营商盈利，三是对厨房方也是一种激励。

晋城这里要流水的 20 个点。

20 个点是什么概念呢？我们没有详细的经营数据，那就大致匡算一下吧。

我们按照毛利润 50% 计算，也就是流水一半是物料成本，剩下的除 20%，就是 40%，也就是说净利润的 40% 交给了运营团队，接近一半了。当然，如果能提高毛利率——比如达到 60%，则运营团队扣缴的净利润下降到 33%，但是毛利率也不是那么容易提高的，总要为顾客保障品质呀，否则就要出场了。

再说这个比例是不是合理。这个要看绝对值，如果是小打小闹的起步阶段，比如夫妻店，自己省了前期投资，给团队 20 个点，就相当于另外雇了两个人吧——本来收餐、洗碗也需要人。但是一旦做大了，缴扣比例不变，则这个比例对应的资金就很可观了——这不正是运营团队存在的理由吗?

当然，还有一个因素我们没有考虑，就是前期的投资，包括租金、装修费用等。运营团队是整租，因此可以在租金、装修期等方面得到优惠，相对压低了成本。

那么，具体到某县二医院的情况，这个合同怎么谈呢?我的建议当然是往少里谈，最多10个点，因为它体量大，绝对值就大。另外要善于画饼——医院给我们描绘他们的客流量，我们正好借机给他描绘提点的绝对值。

案例三

数字化、程序化操作会提高效率

这是我在给一家小餐饮集团做管理的时候发生的真实情况，我写下来，给当时的管理层做分享，其实同样性质的事情在餐厅运营中时有发生，供大家参考一下。

第一个问题

12月28号下午1:30七里山有半桶豆浆凝固了，他们打电话了，我立即带着大半桶新的去，做调查。迅速带回两个当天送的桶，早上的卖完了并且已经刷净，而上午10:40送到的确实凝固了。经冯经理辨认，桶是对的，没有调包。然后某部长、某经理、某征一起讨论，有人发现不久前幸福街凝固的豆浆也是这个桶，这样可以初步断定是桶的问题——保温差，我又建议专门把它放在总店使用观察一下。记得月初在舜耕店接待江西客户的时候，晚餐，某总提来一桶豆浆也发生了凝固。

一个豆浆桶一般都是中午或下午储存时间长，三餐占了两餐，保守一下吧1/2的概率，我们公司一共按照60个桶计算，随机出现在某个店里的概率是1/60，按照一年300天计算，$1/2\times1/60\times300=2.5$，就是说一个坏桶在某个店发生凝固的事情一年也不过出现2.5次。好像次数并不多。但是十几个店相乘，在公司这方面看来次数就多了。

我与加盟商沟通的时候，他们也反映过凝固问题，我们自己的店也出现过。问题出现不可怕，但是不做进一步分析就不好了。最后呢，怎么解决？都说商场如战场，《高山下的花环》讲战场上处理“文革”炮弹的办法值得借鉴。

第二个问题

最近开始贴出产铭牌，豆浆、豆脑桶都写了红漆，但是第一天就出现桶、店不符的事情。这个会很难吗？

思考一下，①卸车时候为什么不对？是装桶不对。②装桶为什么不对？③一种情况是总体符合，而顺序不对。④另一种情况是总体店桶不符。⑤再说装桶前一道工序，打浆、点脑的桶的摆放，司机师傅讲明白送货的路程顺序，豆浆师傅把先送的摆在里边，后送的摆在外边——毕竟空桶可以随意搬动的。⑥如何解决问题？⑦属于情况③就只是豆浆师傅的事情，注意一下。⑧属于情况④的话就是司机师傅和豆浆师傅的沟通问题，厨房管理者协调一下。

通过工序标准化，问题可以解决了，就像优化收餐具工作一样。

最后，解释一下我为什么注重这种小问题。第一个小问题，大家看到了，相对于加盟商来说就是大问题了。第二个呢？大家也可以推理一下，如果专桶专用则发现第一个问题的概率提高至少 60／4=15 倍，这就是管理的直接效益。

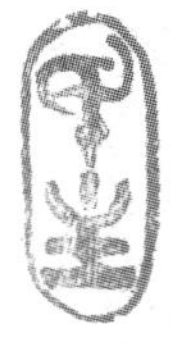

第五章　顾客群体

第一节　设计元素（软件规划）

我们经常说做生意有一个宗旨：一切为了顾客。

我们曾经分析一个店铺的装修档次与三个因素相关。那么顾客感受到的服务档次，有哪些相关元素呢？下面我们重点看看。

◎ 覆盖面与产品线

覆盖面在这里是指一个品牌所包含的产品所涉及的一大类品种的集合——参看前面第一部分的分类，比如食材品类统一、加工方式统一等，这样会有一个涵盖范围，这个范围以内的产品属于一个覆盖面。

产品线是指具体的品种，参照前面的排列组合，不同的食材可以有同一种加工方式，这些加工方式做出不同产品，这些产品有相似性且呈现线性连贯，我们称作产品线。

⊙ 覆盖面

我刚刚进入这个行业是在某一家做连锁加盟的公司，最初被聘为商学院院长；然后，因为看到我的实际业绩，公司授权我组织投资运营中心，重点是做店铺评估，附带做店铺规划、店铺（初期）营运。我记得很清楚，就是在这家公司，我努力工作，统筹安排，我个人在连续 10 个月的时间内走遍了我国的所有大陆省份——除了西藏。这说明什么呢？说明当时的加盟商是可以遍布全国的，或者说全国各地都有加盟商认可这个公司推出的（不同的系列）品牌，这个公司规划的品牌系列达到了极大的覆盖面。

对于连锁加盟公司而言，覆盖面是指产品的涵盖范围，是对食品的划定，物理指标。对于加盟商而言，覆盖面是指产品的适应区域，是对消费者的划定，地理指标。

⊙ 产品线

在同一个覆盖面之内，也就是同一个大的品牌名称之下，花色繁多程度可以称为“产品线长度”。比如，同样是馅饼店，主打产品可以有素的、荤的，荤的既可以分纯肉的肉菜混合的，又可以分肥的、瘦的、海鲜的；至于辅助产品，比如搭配粥类、菜类，也可以分别做出许多花色。同样是面馆，主打产品可以有汤面、拌面，各自可以因为调料不同又分出高、中、低不同层次的产品。进一步搭配各种小菜、饮品，也是可以分别做出许多花色。

产品线是品牌特色的表现载体。

◎ 产品搭配：套餐与选餐

就标准中式快餐店的出餐形式来说，一般有选餐、套餐和点餐三种。因为一些方式比较少见或者不适用，我们主要分析前两种。

⊙ 套餐

顾名思义套餐的出餐形式就是完整的一套饭菜，并且是经过时间的考验和科学的计量，是一种相对固定的合理搭配。更有精明的、人性化的经营者把这个套餐做市场细分，在量的方向整出儿童套餐等，在质的方向整出营养套餐等。

套餐的好处一是搭配合理，二是在经营一方来说是便于顾客选择。可不要小瞧这个“便于选择”呀，我在下面的案例部分讲杭州高铁站标准快餐店的产品设计时，我坚决要求他们一个时段只设不超过 4 种主菜，以便于路过的顾客迅速抉择，落座进餐。——在过路性人流量大或者就餐高峰集中的情况下，此外还有外卖量大的情况下，套餐的产品经营模式会有更大的竞争力。

它的缺点呢？一是顾客缺少饭菜搭配的自主选择权，二是饭菜的数量没法控制。第一个问题，不能靠增加花色品种来解决，说实话“一人掌勺，百口吃饭”，这个口味的问题实在是不能解决的，只能靠坚持做出特色，吸引尽量多的顾客。第二个问题，前面也提示了，就是做市场细分，比如量的梯次搭配。

在连贯的硬件设计，即桌椅、出餐台、收银台等的设计方面，套餐相应地简化了面客区的布置，只要求做平面图的准确、精美的展示，相对也是一种节省。

⊙ 选餐（附点餐）

选餐的标准形式是在面客区设立大面积的展示柜作为出餐台，产品琳琅满目地排列，供进店顾客顺序选择，所谓“货卖堆山”，好的堆头必然会吸引顾客的眼光，进而促进他们的消费选择。

选餐的好处是增加了顾客自助选择的权利，一则对花色品种搭配有大的挑选范围，二则各种饭菜的量也相对自主控制。在回头客较多、就餐时间较长，或者没有密集的就餐高峰的情况下，选餐有亲和力，有更大的竞争优势。

再看它的缺点，其实有时候利弊是相辅相成的，在某种情况下是优点，当换一种条件可能就变成了缺点。一是选餐必然消耗时间，使得出餐速度降低；二是厨房每样产品的出品量难以精细控制，产生更大的剩余，增加了成本。

从硬件设计的角度看，选餐占地面积相对增加了不少，挤压就餐区的空间，使桌椅摆放相对减少并且整体装修投资略有增加，这也是一个缺点。

附带说一下点餐。在店铺硬件设计的形式上点餐更接近套餐，没有大的选餐台，只有项目的产品单和醒目的灯箱展示。从产品软件设计的形式上看，点餐更接近选餐，顾客到吧台根据菜单直接自主选择产品，取餐结账。

它的优点也可以说集中了选餐和套餐的优点；相应的它的缺点也集中了选餐和套餐的缺点。饭菜如果太没有特色了，别人记不住，店铺如果太没有特色了，别人会看不见。当然，也因为这样它的要求相对较低，可以使投资人低成本起步，这也是一种值得考虑的因素。

◎ 送餐——电商时代的趋势

送餐作为一种经营的方式，越来越有必要单独列出来说一下了，我们做餐饮就是提供服务，而送餐是一条为顾客提供便利的途径。

最简单的送餐当然是单个顾客预订我们打包送过去；然后是开发集体预订；向上，还可以尝试配餐公司成为专门的业态形式呢——也可以看做是速递行业和标准快餐行业的异业联合，进而催生出一个新的边缘行业——这个趋势已经出现了。

当下，这种业态形式已然大爆炸般地急剧膨胀，因为遇到了电商这样的时代背景。这个趋势我们第三部分还要继续探讨。

案例

店址、产品与服务的相互作用

如果仔细分析，经营一个店会有很多问题，其实最根本的问题可以一句话概括：就是经营者的问题。

什么时候开始做推广宣传，什么时候重点抓产品，什么时候调整人员？

一般正常经营的店铺，1～2 个月主要影响因素是位置、地利，3～4 个月主要是产品、需求趋势，5～6 个月是服务、人和。但是经常有特殊情况，注意总结抛物线，在顶峰刚过就要开始下一步的调整。

济宁加盟商李鹏是个年轻的创业者。他的店选址济宁市太白路快活林对面，公交车站牌后边，是春节前腊月 23 日开业的。

注意一下他开业的时间，这个时间并不理想。因为第一，他本人没有做过餐饮的经验；第二，他也没有一支成熟的员工队伍；第三，这个时候公司派出的带店经理一定是不会太专心的——春节了，归心似箭，这就是人性。

所以，他的店开业后情况不好，随后公司陆续又派了三个带店经理，最后两位都在某些方面对这个店有实质性提升，但是前面基础不好，所以这个店一直频临亏损的状态。

李鹏根据第二个带店经理的含糊其辞而把生意不好的原因归结为：店址不好。具体不好有：①面积小，只能摆十来套餐桌。②门前道路比较窄，没有大的停车位。③门前正对的公交车站牌是连续的一大排，把乘车人群都挡住了。④太白路中间有隔离带，对面快活林公园的游人过不来。

此后，问题越来越严重了，李鹏觉得无法解决，多次向公司相关部门负责人求助也没有好的办法。

后来，我和何经理专门过去解决问题。

人们看问题、理思路真的有一个角度问题。我们过来，首先看到的是熙熙攘攘的人流量，至于站牌阻挡、停车位紧张，只要有人走过，这些都可以想办法解决。

我没有先关注外面的人流，我要先看产品。

我请李鹏取了一个馅饼，一分为二分放在两个小盘子里拿过来，我和何经理各自试吃一块。

拿起来一看，我就问李鹏："兄弟，你这个是用地沟油做的吗？"

他立即辩解："袁哥，怎么会呢？油我都是从超市里批发进来的。不信我拿油桶给你看看。"

我当然相信这位老弟，他是个实在人。要不我怎么能引导他做市级代理呢。

但是，这个饼确实看相很差。黄溜溜的颜色，有一点像是农村上坟烧的那种黄表纸，并且在油水中泡过的色泽，一看就觉得不愉快。

我拿起来咬一口，先是硬邦邦地硌牙，然后又软塌塌地黏牙。我慢慢地咀嚼，只有肉馅的味道还是不错的——因为那是公司的独家料包在起作用，看来他们这一个地方还是比较遵守公司统一培训的工艺流程的。

想到工艺流程，我意识里立即跳出“三翻四烙”这个口诀，忽然参悟到很多东西。我问李鹏：“公司的饼你当然是吃过的吧？为什么你们的饼做成这个色儿、这个口头、这个味儿呢？”

何经理说：“我知道什么原因。”

我赶紧制止：“你先别说，让李鹏说说吧。”

可是李鹏说不上来。

我说：“要不我来解释？你们知道我从来没有去培训基地去学习过，我在家里也不会做饼，我就根据口诀推断一下吧。”

——公司做饼的流程呢？大电饼铛里面刷一层很薄的油，迅速升温。

——把饼坯整齐地排下去。因为油少、升温快，所以要及时把饼坯翻过来。

——然后，又要及时地再翻回去。

——然后，又要及时地再翻回来。

——整个大电饼铛里面 20 个饼，全部都“三翻四烙”够紧张的，经过连续的一阵紧忙活，一张张馅饼就烙好了。然后立马上到出餐台，尽快地送到顾客手中，让人趁热享受这份美食。

——因为油色鲜亮、成熟均匀、火候适当，这张饼口感松脆，面香肉嫩，正是馅饼的特色口味。大概我们的广告语“一层一层的滋味”其实指的就是这种加工工艺带来的醇香吧？顾客喜欢，然后形成口碑，于是店里生意兴隆，财源广进。但有一个“坏处”，就是面点师傅太紧张、太累。

我看看他们，对我的分析比较认可。然后我说：“下面继续推算一下。”

——咱们店里做饼的流程呢？大电饼铛里面倒上很厚的油，慢慢升温。

——师傅把饼坯整齐地排下去。因为油多、升温慢，所以不必及时把饼坯翻过来。

——然后，什么时候想起来再沉住气地翻回去。

——然后，什么时候想起来再沉住气地再翻回来。

——整个大电饼铛里面虽然有20个饼，全部都“三翻四烙”也不那么紧张了，师傅优哉游哉地操作，最后一张张馅饼就烙好了。然后摆整齐了，上到出餐台，冷静地送到顾客手中，让人慢慢享受这份食品。

——因为油色纸黄、生熟不均、火候错杂，这张饼口感硬黏，面腻肉滑，毫无馅饼的特色口味。把我们的广告语“一层一层的滋味”反向地表现出来了，层层都是坏滋味。顾客厌恶，然后形成坏口碑，于是店里生意清冷，财源枯竭。但有一个“好处”，就是面点师傅不紧张、不累。

我一口气说完这些话。何经理说：“就是这么一回事，然后，晚上收工之后我们再到厨房去看看吧。”

于是，我不再讨论产品。

我开始关注外面的人流。

门前是济宁最繁华的的太白路，这里属于太白路的西段。具体看，店铺坐北朝南，正前方道路南部是公园，中间有隔离带；路北边是一排公交车站牌，站牌做得很长，整个像一面城墙立在主道与辅道之间。这个站牌有8条公交线路经过，候车人很多。站牌与店铺之间是辅道，因为公交站牌的凹道，辅道很窄了，而人流密集，至此人流速度相对加快一些。辅道与店门之间有很窄的一条人行道，房东去年拆除一层台阶，使得人行道略微加宽了一点，可以停放几辆自行车。门前环境是比较窄促的。

门前人流，可以用川流不息来形容。仔细统计，年龄、性别结构宽泛，少年到老人都有，并且比例相差不大；男性与女性的比例也基本没有差别；还有，门前骑自行车的与步行的人数对比也相差不大，这是有效人流。

对顾客流量我这次没有来之前就很有信心，一是考察店铺的时候，我注意到核心商圈50米半径内与这个店铺建筑连接的（就在这家店铺楼上）有汉庭、如家两家全国性的的知名快捷酒店；再外围直接辐射圈100米半径是银行、超市；更大外围间接辐射圈500米半径内有小区、医学院附院。潜在的固定客源很大，再加上门前经过的行人，足够支撑这个店的盈利了。二是开业后，第三个带店的沈建伟经理曾经做过一次网购优惠活动，顾客达到爆满，说明这里确实不乏可能的消费群，只是没有形成忠诚客户，也就是回头客。

固定客源的问题当然与产品有至关重要的联系，但是我此时此刻还不能讲究这个，我要做的是给他们示范怎么样抓客源。看清楚之后，我马上要李鹏给我拿来店里的宣传彩页，我拉他到门前实地发放。

关于发放宣传彩页，有哪些基本的注意事项呢？我经过多年的实践了，总结出下面几点：

（1）发放宣传彩页一定要尽可能直接发到每个人的手中，这样受众的关注度会高一些；而到小区塞门缝的办法看起来是普及范围广了，但是有几个人会认真看看呢？

（2）发放宣传彩页一定要进行感情交流，微笑或者有目光、语言的传递，要相信大多数陌生人是需要我们的信息的。

（3）条件允许的情况下，尽量组织多人集中一个方向、范围去发放，任何时候都要给人以“正规军”的气象，哪怕一个人也要有千军万马的气势才好。

于是我们开始在店铺门前发放宣传彩页，我发现李鹏好像还多少有一点羞涩的感觉，干巴巴地递给家。我不是这样，我很兴奋——“小弟弟／小妹妹，济宁多了一种好吃的，要不要尝尝？”“这位女士，我很高兴为你推荐一款新产品！”“这位先生，请您稍微关注一下这些美食。”“大娘／大爷，我们的店刚刚开张，有优惠活动，我请你进来品尝。”我内心里相信我们的产品是最好的，我愿意把美味推荐给所有我有缘认识的人。

我们带着美好的心意发出的信息是会得到相应的反馈的，于是路人都乐意接过我的彩页。有的人放慢了脚步，顺着我指的方向看一眼；有的人停下来问我，我很自然地扶他们一下（甚至有个别的我拉他们一下），引导这些准顾客到店里去……就这样，50 分钟不到的样子，我发出 100 多张彩页，直接引导 41 位不同性别、不同年龄的行人进入店里消费。

晚上总结的时候，我问李鹏："老弟，你看到了，我能把人引进来，可是你凭什么把人留住呢？凭什么形成回头客呢？"

事实是，此刻做总结还早着呢。我们发放彩页告一段落之后，我约他带我和何经理一起到古槐路北首一家超市去看看，那里开业不久的地下购物广场的美食街有我们的一家馅饼店。这家店的生产管理很优秀。

在这家饼店我先让李鹏拿一张饼，不吃，光看。圆满、光亮、微香的馅饼，给人馋涎欲滴的感觉。然后我们参观厨房，何经理特意带我们到刚刚收拾好的电饼铛前面，他伸手摸了一下，然后让我们都摸一下，感受感受，那种平直、坚硬、干爽的金属质感，没有油腻。整个厨房也都是干干净净的。

回到李鹏店里，我们先看厨房的电饼铛，不出所料有一层微微的油腻之感。何经理说："这也是一个原因。"

这时候，我还能心平气和地批评李鹏："你现在开业3个多月了，一般情况头两个月不行，那主要是选址的问题；3、4两个月不行，那就是产品的问题了；挺过去，在两个月里摸爬滚打着进步，到了第5、6两个月，主要拼的是服务了——注意我说的是'大服务'概念，包括所有员工的服务意识。你现在重点是产品的问题，发现问题不是坏事，我们重点提升它就是了。就怕看不出问题。"

这时候，何经理又提出一个问题："他这还不只是做产品一件事。上回还发生一件事，我们安排早餐，让面点师傅早4点来店里，可是师傅说'太早，起不来。'咋办呢？她前一天晚上把包子蒸好，到早上馏馏就卖，这事能行吗？"

"真是这样吗？"我转身问李鹏。

"啊，她们不听我的，咋办？"李鹏回答。

我笑得很难看了："谁是老板啊？谁挣谁的钱啊？"

此时此刻，我真想一拍桌子站起来，狠狠地踹他一脚。

然后，我狗拿耗子的本性又露出来了，根据此前何经理与我个别交流的信息，加上这一段时间的观察，我不容置疑地提出建议："以后你要把这个事业做大，一定要考虑聘请一个店长。现在呢，让你老婆来管理，你当个小伙计算了。——也别要什么面子了，到了年底一结算赚得腰包像小鼓，那才叫面子。”

李鹏当场答应了，好像还挺痛快。

不知道他到底放得下放不下这个面子。

第二节　推销原则

我们所有经营的行动指南可以说是“以销为导向”吧，就是一切服务都要以销售为目的，做得再好也不能关起门来自我陶醉一下就满足了。关于销售我们在《开家赚钱的店》里说过，我们提倡推销，而不是“促销”。下面只就两条原则做一些解析。

◎“持续生效”的方针

前年在烟台考察汪老板的福粥快餐店，发现一个问题：开业免费送什么？又是为什么？

具体情况是这样的，我过去的时候汪老板的店刚刚开业两天，这个店经营两类六种包子、两种粥、几样凉菜。我趁就餐高峰刚刚过去的时候来到店里看看。店里正在搞开业促销活动，他们的具体做法是买包子送粥。随后与加盟商交流的时候，我建议马上停止送粥，改送凉菜。

为什么呢？

首先，开业送点东西好像是应该的——其实还有很多选择，此次既然搞了就认为是合理的吧。那么，试想：吃包子喝粥是不是我们中国人习惯性的消费选择呢？既然这样，我们还需要去强化它吗？这样送的东西是不是太自然了，没有一点“别扭”或者一丁点新奇的刺激，我们注意一下，当我们送粥的时候，顾客有没有停顿的反应呢？

其次，开业送东西仅仅是为了吸引顾客吗？送粥增加了小凉菜的销售了吗？反之，如果我们开业送小凉菜，是不是有人因此更容易选购一份粥品呢？毕竟光吃包子再加小凉菜有点咸了。这是即时发生的效益。

再者，开业送东西仅仅是为了开业这几天吸引顾客吗？推想一下，如果开业初期的促销活动结束了，进入正常经营状态，不再送粥，那么每天消费的粥品会有所下降的，但是因为这是一种传统的消费习惯，下降也不会太多，也就是说促销没有产生长时间的影响；反之，如果活动送的是小凉菜，等到促销活动结束，进入正常经营状态了，不再送，那么每天消费的小凉菜就会有所下降，因为这不是心理上的必需品，但是下降到一个稳定状态之后我们会发现，这时候小凉菜的消费比没有搞活动的时候有所增加，产生了长期的影响，所谓的“培养消费习惯”就是这个效果。要注意，我们任何时候做的任何活动都应该是在培养消费习惯；而需要强力培育的消费习惯应该是新生的，是“新经济增长点”才对，反之喝粥这样的习惯不需要大力培育。经常听人说赢在细节，这就是一个细节，日积月累，因为这些经营细节不同，不同的经营者会渐渐拉开盈利层次。

最后，我注意到，包子店给顾客送的粥都没有盛满，你送就好好地送吧，你给顾客大半碗，你什么意思？我真不知道为什么。经营者应该明白：你拿出来的都是你的产品形象，不管你收不收钱；别人会认为你收钱的也是这种缺斤少两的状态，你真的赔大了！大半碗最起码让人感到你不情愿、或者不真诚，是不？

◎“永不打折”的策略

我说说不打折扣的话题，甚至要强调“永不打折”。

为什么呢？

首先，我的产品好，货真价实，我的品质绝对不打折。有些账顾客难道不会算吗？一斤牛肉 36 元，每碗面放一两牛肉，再加上青菜、面粉、调料，还有人工、燃气，最后你卖 8 元钱一份，你就天天赔本吗？正常人信吗？

其次，我的员工队伍经过精心打造，我们服务到位，细心周到。热情的笑脸、得体的问候，这些不是价值吗？进店半天没人搭理你是什么感觉？

再者，我提供良好的就餐环境，装修精准——店面与产品相得益彰，高端、前卫，或者便捷、实惠。各种信号通畅，便于顾客商务沟通，或者休闲浏览。这些又给顾客创造了多少价值呢？如果因为就餐错过了一单业务信息又是多大的损失？

最后，我也经常给顾客让利，通过正向提升的形式。比如各种奖励活动、回馈活动、新产品推介会等。

所以我“永不打折”。

案例

环境、营运对店铺的影响力

好店的标准是要赚钱。

关于环境、营运对店铺的影响力，平度馅饼快餐店，是一个典型的案例。

当时我刚刚从外地出差回济南，招商部的总监带着一个招商经理过来找我，一见面就心急火燎地给我说平度这个店的情况。

我很快就听明白了大概情况，是个“硬骨头”啊，还是我去实地看看吧。下午我就出发了，因为时间紧，坐的是烟台的过路车，黑夜中长途车把我丢在高速路下道口，等加盟商开车过来接我。

当晚，在装修考究的快餐店里，加盟商做了“标准”的烤鱼接待我。我认真地观察了一些环节，店面规划、产品品质、服务流程等没有问题。交流的时候，加盟商把开业那天的活动也给我讲了，是请人表演的胶东大秧歌，在整个县城热闹了一天。

我没有说啥，当时真的是无话可说。我的习惯也不会当时就表态的，我需要更广泛地考察。

第二天我依然天不亮就起来跑步。幸亏这个生活状态，让我发现了一个极有价值的信息。原来，就在加盟店所在的这条商业街的南首是一家超市（距离不足100米），超市一楼有家24小时营业的永和豆浆，我进店看一眼，正巧吧台的服务员要换班了，她们把一夜的流水显示在屏幕上，我征得同意拍了一张照片。一夜的流水是多少呢？3427元。

拿到这个数据，我心里一下子就有底了。

然后我继续跑步，越来越感到愤怒：我经常给我以前带的团队交流一些确定地址的思路，所谓“金角银边草肚皮”也是基本的常识，而这家店的地址，恰恰犯了这样的忌讳。加盟店附近的县城街道呈“止”字形，他偏偏选在了上一横与中间的竖划交叉处。

不解释了，这个选点的老员工已经离职了。我必须给加盟商寻找新的突破机会。

我先把昨晚的数据给加盟商看，证明这个地址很有潜力。然后，我问他：“你开业活动做得也很大，应该有不小的影响，现在我们上新品，你能通知多少顾客来呢？”

他说不能通知。

因为手里没有顾客电话。我针对这个情况马上给他做了批评：“你开业投入那么大，而一个客户的信息也没有拿到，这不是‘干打雷不下雨’吗？做这样的无用功干啥呢？”

随后的沟通越来越深入，我在很多细节上给他们做了设计，不断鼓励他们的士气。实际上，后来确实有起色，新品活动发展会员，预售了近100张会员卡。但是半年后街头另一家快餐店开业，很快就把顾客截留了，这个店坚持了8个月关闭了。——先天不足的店面操作起来不容易。

第三节 市场定位

市场定位，我们从评估店铺开始就一直灌输这个概念，我说一定会找到合适的店铺，关键是我们自己把综合定位理清楚，这个定位不是凭空想象的，而是一切依靠市场，

◎ 大城市多开店、小城市开大店的道理

⊙ 四个城市层级的区分

秋天，我在济宁帮助郑老板选店铺，我建议他们选择那家面积较大的，我根据人流量、人流动向、年龄结构、消费趋势、消费层次、消费频率等统计数据进行了详细的说明。最后我搬出流传很久很广的一句谚语：大城市多开店开小店，小城市少开店开大店。

言归正传的时候，我拿济宁和北京相比较。我说北京是个大城市，你瞧瞧，北京城南的人很难经常沟通城北的，我了解到有的大兴人甚至一辈子也没有到海淀去过；而济宁呢，你看公交车的路线就可以发现，不出一个小时可以从东北的经济开发区到达西南的北湖风景区，实质上人们经常有这样的流动。

我国城镇大致分为五个级别，其中一线城市指北京、上海及广州，二线城市是指省会及经济较发达的大城市，三线城市为地级市、四线城市为县级市及县、五线城市为农村小镇。

这个似乎划分得比较清晰了，但是用来分析餐饮市场还是太笼统、感性了。我们进一步归纳总结一下，不用事例、级别，而以数据说话。为了实际工作的便利，我以市场为背景将我国城镇划分为四个层级：城镇、小型城市、中型城市、大型城市。分别对应：一个商业中心、两个商业核心、3~5 个商业核心、多个商业核心。

提醒一下，要特别注意的是：以市场为标准划分的“城市等级”绝对不能对应以行政单位为标准而确定的城市级别。

⊙ 大店与小店

再看一下“大店”与“小店”的区分，说实话，这个还真没有很明确的判断标准。大店与小店的定义却只能是相对的、是一种比较而言的说法。

首先，是和当地周围的店铺做比较。一般可以按照门面的房间数（结合宽度）将一个区域的同类店铺分出 3 个规模：大、中、小。注意，这里我们忽略了楼层数和总面积，因为实践证明中式快餐店铺一楼位置对顾客吸引力最大，

其次，加盟连锁公司方面也有一套划分标准，比如，创业店、精品

店、旗舰店等。这个标准应该有一套关联的配置，比如，产品系列、大概面积、装修档次等。

再者，与顾客互动的意义上比较大小。我们知道有句俗语“客大欺店，店大欺客”，这个也是讲大店、小店的问题。确实，顾客的观感最重要，我们需要变换一下角色，站在消费者立场看问题。

最后，还有一个比较隐蔽但是很现实的参数，就是辐射能力（辐射半径），这个不是说绝对值 1000 米还是 1500 米，而是要相对地结合所在城市的市场规模来评定，如果能有效地辐射 1/4 个城区就是大店了，辐射整个城区的话那可真是超大店了——参照上面城市规模的划分来看，辐射能力在 1/16—1/4 个城区的算是中等规模的店；辐射能力小于 1/16 个城区的就基本确定是小店了。卫星城应该看做独立城区，而地域相连、功能有机划分的城市辖区要算市区的一部分。

综上所述，所谓“大城市多开店开大店，小城市少开店开大店”实际上是着眼于有效人流量，以及我们应该如何挖掘这些人流量所产生的需求。“取乎其上，得乎其中”，既然要开店做经营，就一定要把目标定在最合理的投入产出比上，也就有了关于店铺大小多少的那句话。

◎ 迎春大道的贾德旺快餐厅——布局

这里直接把贾德旺的名字写出来，是因为它做得很有特色。

“贾德旺”是烟台的一个快餐品牌，烟台还有其他快餐品牌，而我偏偏对贾德旺印象很深。

烟台莱山区是新建政府大楼所在地，整个城建都随着新政府而起。莱山区是个新城区，只有一条南北主干路，叫迎春大道，就在这条迎春大道上，几乎每隔数百米就有一家贾德旺快餐厅，而且每一家都很大，都有数百平方米——当地一般快餐厅约在 100～200 平方米。

我乍一见到这个局势就很疑惑：在这样一个新兴的城区，密度这么大，这不简直就是找死的节奏吗?

我是从来不会见面就下结论的，我习惯性地开始逐店考察，两个就餐时段看下来，我的怀疑打消了，一种震惊逐渐升起：贾德旺恐怕就像传说中的董明珠——“董姐走过的地方寸草不生”，贾德旺布局的地方其他快餐店简直没有发展空间了。

其实，广泛地梳理一下这几年的中式快餐市场资料，这个招式，或主动或被动有好几家在比划，只不过贾德旺拳脚紧密，做得比较极致一些。比如北京的“田老师红烧肉”也是在北京城内密集地布局，只不过北京城藏龙卧虎，田老师一家民营企业做不到那么咄咄逼人就是了；至于济南也有这种情景，比如前面说的“金德利民”就是，市区的大街小巷都可能看到它的招牌。

◎ 人找店与店找人——心态

人与店的关系就是人找店与店找人，这是我们组织内部学习的时候启斌提出来的。后来我带着这个思路到市场上做工作，发现至少可以从两个角度来思考，一个是顾客与店铺生意；一个是创业者与店铺运作。

本书重点讨论顾客眼中的店铺和店铺对顾客的影响；而创业者与店铺的细节会在下一本书——《做好创业规划》中做详细的论证。

从顾客与店铺的角度来看，我们选择是把店铺开在成熟期人流密集的区域，还是选择发展期尚待培育引导消费群体的地方？这实际上就是我在《开家赚钱的店》里所讨论的“竞争与消费”的四种关系换了一个提法，是为了让我们关注点有所侧重——侧重于消费者的心态。

一般而言，消费者在人流密集的区域就餐往往有“鸭子过河——随大流”的心态，但是因为周边环境有较多参照物，一旦挑剔起来也是很容易的；另外，这样的地方不容易培养忠诚客户。而在新开发的地方就餐，顾客主动选择的意识更强一点，对产品的宽容度会较高；如果产品质量确实不错，容易形成回头客。

当然，以上所说的“人”是指相对固定的人群，不是那种临时性的旅客。

案例一

城镇与小城市

根据我们对市场的考察和选定店铺的实际操作，我认为有必要把城市与城镇明确区分一下。因为，我根据多年在全国各地做市场调查的一手资料来判断：未来10年，中式快餐连锁加盟的主要市场在城镇与小城市。

城镇只有一个或半个中心，而城市要有两个以上的核心商圈。

1. 城镇功能分散的特例。

舞钢市是中国唯一一个因企业（武钢）而得名的县级市。县城由南到北分散坐落着三个小团块。南部山区以企业为主；中部丘陵是新开发的行政区域；北部平原是传统的老县城。

仙河镇也有这种影响。胜利油田的几个二级单位、职工生活区占据绝大部分区域，乡镇政府反而只是点缀。

2. 卫星城的遗憾。

桓台是淄博的卫星城，这个情况看三条桓台到淄博的公交车就可以确定，票价都是2元，运营时段是早5点半到晚6点，发车间隔很短，这说明大市区对县城辐射能力很强。再具体看，早上第一班车去淄博的车就超员，中午后这个方向乘客很少了；而午后返县城的越来越多，晚下班时间成挤车高峰，这说明大城市的具体影响模式，正是卫星城的状态。

卫星城与行政区的区别在哪里呢？我们知道我国的传统讲究大而全和小而全，县城只是大城市的复制，功能重复，大部分大城市与地方县城还有一定距离，两地交通不那么方便，而桓台与淄博市不一样，桓台是卫星城，两者距离太近，没有相对空间，淄博市大量吸引走了桓台的活动人群，所以桓台有些生意很难做。行政区是大城市的一个局部，是整体的有机构成，相对结构单一，承担城市的某些功能，这样的地方反而增加了一些做生意的机会，因为特定城市功能突出会吸引大量流动人口，进而产生需求商机。

经过我给加盟商讲解这个认识之后，他下定决心到市里做生意。

3. 正在崛起的县城。

我们说县城一般只有一个核心，但是寿光区已经在原县城东部形成了新的中心区域。同样的情况，章丘区也在其老区南部形成新的中心区域。这种情况可以把它看做更高一级的城市了。店面布局也会有相应的改变。

案例二

关于高铁站的快餐店

济南高铁站里玲珑馄饨项目，是一个很经典的快餐投资失败的案例。

这个店面是加盟商自己选定的，我们做评估的时候也是根据车站方面公布的“20000/ 日客流量”做依据的。但是开业不到三个月的时间，这个快餐店就因亏损严重而关闭了。

关于人流量的决定性，这是一个很有说服力的案例。高铁站相对封闭的环境排除了许多干扰因素，突出了人流量的影响。与当时高铁站方面的预期相反，很长一段时间济南高铁站的客流量一直在 8000 人 / 日左右，所以必然会有进站的快餐店倒闭。

更加鲜明的对比是杭州高铁的馅饼加盟店，因为有人流量的保证，这个项目很快就做到了盈利。

案例三

几秒钟，决胜的细节分析

我是个在管理方面做战略的，但是不等于我不注重甚至不懂战术。

几年前，我在产学研基地上班，几站的路程，却要倒一次车，我在花园路中段那个站换乘。这是个大站，车多人多。往产学研基地方向的站牌在十字路口东南角，有时候东去的公交车被红灯集中在一起能有 5~6 辆车进站，甚至更多——与乌泱泱的等车人群恰巧呼应。

一次，我遇到同事王晓华，我已经站在候车人群的西端，也就是末端，王很匆匆忙忙地由马路对面闯黄灯过来，跟我打个招呼就要往人群东端挤。我喊住她，要她在后边等。我注意到她有三两次晨会迟到了。她问我：“为啥要在后边？要迟到了！”我告诉她就是为了能赶上考勤打指纹的时间才在后边的啊。

其实，从这个站到公司只有一站的距离，有些心急的人等一下看不到车的影子就可能直接开步走了。但是既然公交车这么多，等车的概率那么高，多数人还是等。趁候车的空隙我给王解释为什么要在后面等。

——人们习惯性到前面去，因此前面更挤，而上后面车的人数就相对少一些，不太挤。

——最关键的是，到了下一站，也是在那个丁字路口东南角下车，我们要往回走，再向南拐进产学研基地，如果我们在最前面的车上，往回走的距离可能很大，也许就是这个距离导致我们迟到。

——王想了想很认真地问我：“在后面，车队过一个路口，后面的车会不会被红灯截住呢？”

——这个概率很小，因为那是个丁字路口，东西向是主道，所以那个路口绿灯时间相对长，所以车队被截断的可能性很小。相比较而言，早下车的机会更多。

——王也觉得有道理，她感慨：“你怎么会注意到这么细的地方啊？”

——因为我走遍全国去为加盟商评估店铺，担负着责任，不培养这样的注意力怎么行?

第六章　营养学与新产品开发

从市场发展的立场来看问题，管子说“仓廪实而知礼节，衣食足而知荣辱。”且不说这句话对不对，反正温饱之后就开始讲究营养是对的。因此，我们建议研发型厨师一定要学习营养学，现在我们看一看营养套餐。

营养套餐，即有针对性提供营养的饮食搭配。根据对象不同可有不同种类，如儿童营养套餐、孕妇营养套餐、老年人营养套餐、特种病症营养套餐、运动员营养套餐、减肥套餐等。

第一节　传统的营养套餐

◎ 粥品、养生汤

有个冷笑话，说有人出售长寿的秘方，二愣子半信半疑，最后花大钱买下来了。这是个什么办法呢？就是你只要坚持天天喝粥，连续 29000 不断，保证能活到 80 岁。二愣子觉得“天”很短而“年”就长了，所谓“日子好过年难过”啊。不过经常喝粥确实对保健有好处，陆游甚至写诗：“我得宛丘平易法，只将食粥致神仙。”(《食粥》)

中国的粥文化当然是源远流长、丰富多彩的。

下面只选中国粥文化里面的“腊八粥”展示一下。

“岁十二月，合聚万物而索飨之也”，腊八粥以八方食物合在一块，和米共煮一锅，是合聚万物、调和千灵之意。腊八粥也叫做七宝五味粥。吃腊八粥，用以庆祝丰收，一直流传至今。全国各地腊八粥各具特色，接下来我们一起详细了解下中国各地粥品文化有什么差异。

天津腊八粥——天津人煮腊八粥，同北京人近似，讲究些的还要加莲子、百合、珍珠米、薏仁米、大麦仁、黏秫米、黏黄米、云豆、绿豆、桂圆肉、龙眼肉、白果、红枣及糖水桂花等，色、香、味俱佳。近年还有加入黑米的，这种腊八粥可供食疗，有健脾、开胃、补气、安神、清心、养血等功效。

山西的腊八粥——别称八宝粥，以小米为主，附加以豇豆、小豆、绿豆、小枣，还有黏黄米、大米、江米等煮之。晋东南地区，腊月初五即用小豆、红豆、豇豆、红薯、花生、江米、柿饼，合水煮粥，又叫甜饭，亦是食俗之一。

宁夏人做腊八饭——一般用扁豆、黄豆、红豆、蚕豆、黑豆、大米、土豆煮粥，再加上用麦面或荞麦面切成菱形柳叶片的“麦穗子”，或者是做成小圆蛋的“雀儿头”，出锅之前再入葱花油。腊月初八这一天全家人只吃腊八饭，不吃菜。

青海腊八粥——青海的西宁人，虽是汉族人居多，可是腊月初八不喝粥，而是吃麦仁饭。将新碾的麦仁，与牛、羊肉同煮，加上青盐、姜皮、花椒、草果、苗香等佐料，经一夜文火煮熬，肉、麦交融成乳糜状，清晨揭开锅，异香扑鼻，食之可口。

山东“孔府食制”中，规定“腊八粥”分两种：一种是用薏米仁、桂圆、莲子、百合、栗子、红枣、粳米等熬成的，盛入碗里还要加些雕刻成各种形状的水果，是为点缀。这种粥专供孔府主人及十二府主人食用。另一种是用大米、肉片、白菜、豆腐等煮成的，是给孔府里当差的喝的。

河南腊八粥——河南人吃腊八饭，是小米、绿豆、豇豆、麦仁、花生、红枣、玉米等八种原料配合煮成，熟后加些红糖、核桃仁，粥稠味香，喻意来年五谷丰登。

江苏地区的腊八粥分甜、咸两种，两种煮法一样，只是咸粥加青菜和油。苏州人煮腊八粥要放入茨菇、荸荠、胡桃仁、松子仁、芡实、红枣、栗子、木耳、青菜、金针菇等。

浙江腊八粥——浙江人煮腊八粥一般都用胡桃仁、松子仁、芡实、莲子、红枣、桂圆肉、荔枝肉等，香甜味美，有食之祈求长命百岁之意。据说，这种煮粥方法是从南京流传过来的。

四川腊八粥——四川地大人多，腊八粥做法五花八门，甜、咸、麻辣都有。农村吃咸味的人比较多，主要是用黄豆、花生、肉丁、白萝卜、胡萝卜熬成的。现如今城市人吃甜粥的也不少，堪称风味各异。

上海腊八粥——上海人鲜有腊八节的概念，但渐有养成喝“杂粮粥”习惯的趋向。各种杂粮都可用来做粥，如小米、玉米渣子、高粱米等，赤豆、绿豆之外还有白腰豆等，还有莲子、芡实、米仁、血糯、黑米……人们都知道杂粮、粗粮有营养。

腊八粥是应该常喝的，根据季节，根据口味，原料自由地搭配，可以加蜜饯、水果等，可以做出很多花样的。

中国粥的品种太多了，仅就其特殊功能来分就有减肥粥、益寿粥、月子粥、壮阳粥、益智粥……实在数不胜数。沿着这个趋势发展下去，比粥的功效更明显的就该是药膳了，下面我们去看看药膳家族。

◎药膳

药膳，简而言之就是药材与食材相配伍而做成的美食。在中国人的膳食中，许多食物既是食品，也是药物，故古人早就有“医食同源、药食同根”之说。药膳有治疗疾病、养生保健的作用，同时也可以用于美容减肥等。

功能也细分得很周到，除了上面提到的减肥等功能，又加了壮阳、生发、健足等，真心眼花缭乱了，在此我们不再一一列举了。

◎素膳

吃素起源于寺院里的斋饭，除了肉类，饭里也不能放鸡蛋，食油也是植物油，而不能用动物油脂炒制，甚至斋饭里面不能放葱、姜、韭菜、蒜等有重味道的蔬菜调料。现代素膳要求相对宽松，主要是戒除各类动物食材。

以我在全国各地所见的中式快餐范围内的素膳产品来看，可以分为这样一些主题系列：菌类主题、豆类主题、五谷杂粮主题、新鲜蔬菜主题等。

◎日常温凉搭配

作为中国人，可能人人都听说过“西瓜属凉性，吃多了拉肚子”“辣椒属热，吃多了上火”“苹果性温，可以常吃”等，甚至我们在生活中也有意无意地这样说道，比如挑水果、点菜的时候，但是如果进一步问，到底这个温、热、寒、凉是怎么回事？可能又出现那种“人人口中有，人人心中无”的状态了。

饮食养生首先要讲“性”。“性”（或“气”）是指食物有寒、凉、温、热等不同的性质，从中医角度说，食物分为五大性，一般是平、寒、凉、温、热这五性。

凡适用于热性体质和病症的食物，就属于凉性或寒性食物。如适用于发热、口渴、烦躁等症象的西瓜；适用于咳嗽、胸痛、痰多等症象的梨等，都属于寒凉性质的食物。

温性或热性与凉性或寒性相反，凡适用于寒性体质和病症的食物，就属于温性或热性食物。如适用于风寒感冒、发热、恶寒、流涕、头痛等症象的生姜、葱白、香菜；适用于腹痛、呕吐、喜热饮等症象的干姜、红茶；适用于肢冷、畏寒、风湿性关节痛等症象的辣椒、酒等，都是属于温热性质的食物。

平性食物的性质介于寒凉和温热性质食物之间，适合于一般体质，有寒凉或是热性病症的人都可选用。平性食物多为一般营养保健品，如米、面、黄豆、山芋、萝卜、苹果、牛奶等。

从历代中医食疗书籍所记载的300多种常用食物分析，平性食物居多，温性或热性食物次之，寒性或凉性食物居后。一般说，各种性质的食物除本身具有其独有的营养保健功效之外，寒凉性食物属于阴性，有清热、泻火、凉血、解毒等功效；温热性食物属于阳性，有散寒、温经、通络、助阳等功效。

下面是一些食物的属性分类，仅供读者朋友参考。

1. 粮食组。

温热性——面粉、高粱、糯米、薏米及其制品。

寒凉性——荞麦、小米、大麦、青稞、绿豆及其制品。

平性——大米、灿米、玉米、红薯、赤豆及其制品。

2. 蔬菜组。

温热性——辣椒、韭菜、南瓜、香菜、扁豆、青菜、黄芽菜、芥菜、蒜苗、蒜苔、大蒜、大葱、生姜、熟藕、熟白萝卜。

寒凉性——茭白、茨菇、紫菜、金针菜（干品）、海带、竹笋、冬笋、芹菜、冬瓜、生藕、生白萝卜、苋菜、黄瓜、苦瓜、茄子、丝瓜、菊花菜、蓬蒿菜、马兰头、土豆、绿豆芽、菠菜、油菜、蕹菜、莴笋。

平性——黑木耳、刀豆、银耳、山药、松子仁、芝麻、卷心菜、蕃茄、豇豆、四季豆、芋艿、鸡毛菜、花菜、花椰花、胡萝卜、洋葱头、蘑菇、香菇、蚕豆、花生、毛豆、黄豆、黄豆芽、白扁豆、豌豆。

3. 动物性食品组。

温热性——黄鳝、河虾、海虾、雀肉、羊肉、狗肉、鹅蛋、猪肝。

寒凉性——鸭肉、兔肉、河蟹、螺蛳、田螺、马肉、牡蛎、鸭蛋、蛤蚌。

平性——乌贼鱼、鸡血、鸡蛋、鸽蛋、猪肉、鹅肉、鲤鱼、青鱼、鲫鱼、鲢鱼、鳗鱼、鲥鱼、黄花鱼、带鱼、鲍鱼、泥鳅、海蜇、鹌鹑肉、鹌鹑蛋、海参、燕窝。

4. 奶和奶制品、大豆和大豆制品组。

温热性：奶酪。

寒凉性：牛奶。

平性：豆奶、豆制品。

5. 水果组。

温热性：荔枝、龙眼、桃子、大枣、杨梅、核桃、杏、橘子、樱桃。

寒凉性：罗汉果、桑葚、杨桃、香瓜、生菱角、香蕉、西瓜、梨、柑子、橙子、柿子、鲜百合、甘蔗、柚子、山楂、猕猴桃、金橘、生荸荠。

平性：苹果、葡萄、柠檬、乌梅、枇杷、橄榄、李子、酸梅、海棠、菠萝、石榴、无花果、熟菱角、熟荸荠。

6. 其他食品。

（1）干果类。

温热类：栗子、核桃、葵花子、荔枝干、桂圆。

平性：西瓜子、芝麻、花生、莲子、芡实、榛子、松子、南瓜子、百合、银杏、大枣、橄榄。

（2）调味品。

温热性：芥末、茴香、花椒、胡椒、酒、醋、酒酿、红糖、饴糖、桂花、红茶、咖啡。

寒凉性：酱、豆豉、食盐、绿茶。

平性：白糖、蜂蜜、可可。

《中国居民膳食指南》提倡人们应该食物多样化，人们每天摄入多种类的食物，才能达到膳食平衡，营养全面。

第二节　医疗营养套餐

◎ 一般术后餐

去过医院病房的人大概都看到过病床床头有个挂牌的地方，上面注明食物要求：不食、水汁质、粥类、软性素食、肉类等。

◎ 月子餐

月子汤是指产妇在坐月子期间饮用的汤品，是月子餐的核心组成部分。月子汤大致可分为三类：通气汤、催奶汤、大补汤。主要功能是为了帮助产妇恢复虚弱的身体，调理产后身体、迅速恢复身体的各项机能，加快乳汁分泌的速度，提高乳汁的质量。月子汤具有新鲜、味美、不油腻、温热、无辛辣等特点。月子汤的制作过程和饮用时间都极其讲究。

◎ 特殊案例：婴儿米粉的做法

将米浸泡1~2小时，晾干水分，放入研磨机里尽可能的打磨细。将准备好的蔬菜叶，用盐水浸洗干净，去除农药残留，放入水中煮成蔬菜水，再用凉水将打磨好的米粉稀释（直接放入开水中会结块）后，放入蔬菜水中煮，用勺子不停地搅拌，至糊状即可，不要放盐或糖（乳糖除外），糖和盐会增加婴儿肾脏的负担。可以在加工米粉的时候加入一点燕麦一起打磨。

第三节　日常营养套餐

◎ 学生餐

有些条件好的学校给自己的学生设计营养套餐，这个属于特殊范畴，没有市场意义，所以我们暂时不涉及。

◎老人餐

说实话，这一代老年人在中式快餐市场所占的份额相当小，因为消费行为的养成有很多影响因素，老年人不仅要看他自身的经济能力，至少还要看他下一代的经济状况——中国老人很少有为自己活着的；此外，大多数老年人是从物质困乏的时代过来的，“温饱”曾经是他们最高的期盼。

老年人快餐市场需要引导，最好的办法当然是抓住根本，抓住他们内心最满意的消费需求标准。是什么呢？物美价廉。具体到餐饮方面呢？当然是花钱不多而又吃的健康。对，健康是他们的巨大需求，否则“广场舞”也不会冲向国际广场了。这样，应该吃啥呢？

人到了老年，身体更需要保养，不少子女都会为家中老人买来各种营养品、保健品，但是老人吃了这些真的会使身体更加健康吗？其实，我们身边的一些常见食物，便可以给老人足够的营养，如小米、粥类食物、鱼、大蒜、胡萝卜、草莓等。

1. 豆腐是老人喜欢的美食。

老人们普遍爱吃豆腐。人们常说：“鱼生火，肉生痰，白菜、豆腐保平安。”《随息居饮食谱》谓：“处处能造，贫富攸易，询素食中广大教主也，亦可入荤馔，冬月冻透者味尤美。”豆腐主要成分是蛋白质和异黄酮。豆腐具有益气、补虚、降低血铅浓度，保护肝脏，促使机体代谢的功效，常吃豆腐有利于健康和智力发育。老人常吃豆腐对于血管硬化、骨质疏松等症有良好的食疗作用。

2. 米是老人的最佳补品。

老人最喜欢小米，把小米当成最好的滋补佳品。体弱有病的老人常用小米滋补身体。中医学认为，小米益五脏，厚肠胃，充津液，壮筋骨，长肌肉。清代有位名医说："小米最养人。熬米粥时的米油胜过人参汤。"

3. 长寿老人喜欢喝粥。

从大量长寿老人的饮食习惯看，无一不喜欢喝粥。著名经济学家马寅初和夫人张桂君，夫妇双双都是百岁老人，俩人尤其喜欢喝粥。每天早晨，把 50 克燕麦片加入 250 克开水中，冲泡 2 分钟即成粥。天天如此，从不间断。上海第一个百岁老人苏局仙先生，一日三餐喝大米粥，早、晚喝稀粥，中午喝稍稠的粥，每顿定量为一碗。他们说："喝粥浑身舒坦，对身体有益。"历代医家和养生专家对老人喝粥都十分推崇。粥易消化和吸收，能和胃、补脾、清肺、润下。清代养生家曹慈生说："老年，有竟日食粥，不计顿，亦能体强健，享大寿。"他编制了粥谱一百余种，供老年人选用，深受欢迎。

4. 鱼。

关心心脏健康的人应当多吃鱼，每周吃三顿鱼或每天吃 30 克鱼肉，能够使中风风险降低 50%。医学研究证明，经常吃鱼的日本人和爱斯基摩人与很少吃鱼的民族相比，患心血管疾病的人的比例要小得多。

5. 大蒜。

大蒜不仅能够防治感冒，还能降低胃癌、肠癌风险，增强消化功能。另外大蒜还能很好地净化血管，防止血管堵塞，有效预防血管疾病。

6. 草莓。

多吃草莓能充分补充维生素 C，草莓同时富含铁，可以提高机体免疫能力。草莓中的染色物质和香精油，能形成特别酶，预防癌症。

7. 胡萝卜。

胡萝卜富含 β－胡萝卜素，不仅能够保护基因结构，预防癌症，还能改善皮肤，增强视力。

8. 香蕉。

香蕉是碳水化合物含量最高的水果，还含有各种各样的微量元素，能阻止糖迅速进入血液，其中镁含量丰富。

案例

李有志“火了”

李有志是禾言己餐饮管理有限公司的合伙人、运营总监。禾言己品牌下的中式快餐产品采取“原材料中采购加工、半成品冷链物流配送到店”的生产模式，因此他们的配送标准要求相对高很多。

有一次，我一个跟李有志在一个公司的朋友出差回来，一到公司就听到李有志在打电话，李有志这个人有个特点，越是大事越说得慢条斯理、声音越沉着。但是，很明显看出来，这次他“火了”——只听他说：“别解释，什么口感没有影响？你考虑营养成分的损失了吗？质量有问题我们就是死路一条啊。我这里马上重新给店里配货，换其他冷链物流公司发货。咱们按合同来，如果你觉得协商不了，我们还有法律。”

原来事情是这样的，禾言己公司省外的加工基地建成之前，那里的加盟店的货由总部直接配送，他们与一家冷链物流公司签订合作协议，该公司按照禾言己公司的标准发货。最近他们忽然发现该物流公司为了“保险”起见，在运输时把温度调低了一些。发现这个情况，李有志立即取样送检，结果虽然最终色泽、口感没有什么影响，但是营养成分略微有些损失。李有志立即要求物流公司调整，想不到第二批还是这样，结果他真火了。

现在，看到疫苗的“冷链物流”之问，我们不由地想到禾言己的李有志。如果所有企业都像这家公司那样重视质量细节，我们就放心了。

第三部分

中式快餐的发展趋势

第七章　民以食为天

第二部分我们考察了中式快餐具体的经营环节，现在，第三部分我们要立足行业运作的角度观察中式快餐，看看它在整个社会生活中的意义、作用和地位。

现在使用孔夫子的一句话——“必也正名乎？”不搞清楚一个人、一件事的确切地位，既不能使我们正确地对待它（他），也不能使它（他）充分地发挥应有的作用。

简单梳理一下背景，然后我们再去详细考察行业整体的运作机制。

◎ 一家门户一家天——为什么要餐饮来做保障

既然说到了孔夫子的“正名”就很容易联想起西方的“名学”来，看起来都为了认清考察对象，实际上两者是不一样的，前者是伦理、后者是逻辑。

我们不妨拿孔子和苏格拉底对比一下吧，这也算是东、西文化的两个源头了。

苏格拉底是永无休止的追问，孔子却没有思辨的过程只是提供结论。一个是激发学生，一个是固化学生。苏格拉底只是学生们通向更高思维历程的“助产士”，其身后有柏拉图，继而有亚里士多德青出于蓝；而孔子的后学们却永远都活在孔子“至圣”的笼罩之下。

好像苏格拉底没有读过、推荐过什么经典名著，而一旦学生接触上他，在他的不断追问下就不得不开始思考，不得不开动脑筋追索问题的根源，环环相扣，永无休止。这种对话方式也促使后人对前人思索的问题跃跃欲试，对前人未尽的思索代代相传，不断深入、递进、超越。在这个过程中，每个人的经验和智慧都得到创造性的激发，每个人也都获得思考和言说的权利。

孔子更多的是以布道的形式宣告某种规则，以解惑者、授业者的口吻来公布某个结论，他没有呈现思辨的过程，也没有给学生留下思考的空间，更没有留给后人可以继续探索的问题，只是留下了可供后人反复背诵的格言、警句。

苏格拉底在对话中，也曾执着于一个明确的目的，就是要找到一个事物的“定义”，但是他又认为这不是容易的事，他心中并无预先定数，只能依靠自己的理性和“辩证法”去不断地有所发现。开放式的讨论持续不断，随之双方的思维水平不再是讨论前的状态了，并且所讨论的问题也暴露出来了内在的复杂性、微妙性，这给后人提供了极宝贵的启发：沿着思维已指出的方向继续深入。

相比之下，孔子的对话着重的只是结论，孔子说“温故而知新”“学而不思则罔，思而不学则殆”，但他是如何由“故”而“知”新的，他的“思”的思路究竟如何，却从来不曾交待。我们只能认为，他的“知”和“思”都只不过是一种内心的体会，所能说出来的只是结论，而不是过程。

总之，西方的思维是走向抽象、思辨的；东方的观念是趋于具象、信条的。好了，对比就到这里吧，我们找到某种本质就可以了，我们的目的是为了给“中式快餐”找基因的。源头的对比只是为了让大家有个更清晰的认知——种子种下去，很快就会破土萌芽、开枝散叶、成原成林。餐饮文化的差别也由此生发出来。

“民以食为天”之前，还有一句说明国家重大问题与餐饮有关的名言：治大国如烹小鲜。中国人的具象化的思维方式无处不在，中国人对“食物”的关注无处不在。

不要小瞧“这一口饭”。

再讲个比较现代的民间故事吧。

两个年轻同事同时被工作困扰，他们到寺院里找一位得道高僧诉苦，说在单位实在待不下去了。高僧闭着眼，说了：“不过一口饭。”然后就不理会他们了。

两个年轻人似乎都悟到了什么，随即下山。其中一位辞职了，到大城市打拼，几年后闯出了一条成功之路；而另一位则仍旧在原来的岗位上，但变得兢兢业业，几年后也升职加薪，生活越来越幸福。

后来，这两个人小聚，辞职的年轻人说“不过一口饭”，没必要为此受气，所以我选择另谋出路；另一年轻人则说，不过是为了挣口饭吃，干嘛计较那点累、那点气，所以就坚持下来了。

他们又去寺院中找那位高僧求解，都认为自己理解得正确。高僧仍微闭双眼，徐徐说道：“不过一转念。”

我是个脆弱的人，看纪录片《舌尖上的中国2》竟然不自觉地就泪流满面。因为我也有幸走遍全国，我“以生存的姿态看风景”，真实地体会了这个国度各地人民的生活。我知道现在中国人大多数是怎么吃饭的，甚至可以说就是发现了注重世俗生活的中国人是怎么得到生存保障的——子孙兴旺、丰衣足食。

关于日本人的身高，“一杯牛奶提高了一个民族”——说的就是日本人科学地、积极地、系统地改变其饮食结构之后，带来的国民体质提升。吃饭真的不是一件小事，对以“丰衣足食”为日常感念的民族来说，如果吃饭问题解决了，也可以改变其心态，进而产生其他改进，在这个意义上我们也可以说：中式快餐，强大一个民族。

◎ 众人划桨开大船——集约化管理的优势

有一次，我与一位青岛的朋友聊天，他是船员，远洋轮船在海上遇到大风会及时联合几艘船捆绑在一起，通过增加体量以抗击风险；同样的做法还有中国古代的“庞统献策”，打造铁索连环船。他们都运用了大块头的优势。

在第二次世界大战时，各国科学家的贡献很卓越，“年轻物理学家救伦敦”就不说了，“数学家算计德国潜艇”好像更有启发。当年战略物资很多要靠大西洋航运，而纳粹德国的海军潜艇经常给盟国的货轮毁灭性的打击。这时候政府请科学家帮助解决问题，最先提出解决方案的是数学家。他们研究当时发船的方式是小批量多次出航，经过计算，他们建议改为大船队出航，结果这样运行下来损失明显降低。他们理性地发挥了大概率的优势。

你看看，真的是所谓“道高一尺魔高一丈”啊，这还让人咋活呢，哈哈。

从管理实践的角度看，我们也希望某种生产是集中统一的，中式快餐即是如此。如果某个连锁加盟品牌达到足够大的规模，管理起来会特别简单。国家应该大力支持、引导中式快餐连锁加盟这个行业，使之茁壮成长，发展壮大。

但是，这个集中统一必须是充满活力的集中统一，从大的方面看，活力来自民主、法治的社会环境；从小的方面看，活力源于独立、自由的个人心态；从实践来说，就要靠连锁加盟企业的自尊、自律、自立、自信。

要发扬传统特色，也要积极创新变化。餐饮创新其实需要各种学科的知识储备、需要多种原料的融汇互补，这些都离不开大量资金投入，投入后产生新品，新品畅销带来盈利，盈利后再投入……形成良性循环，产生巨大的竞争优势。培养、鼓励形成连锁加盟公司是一条科学的途径，中式快餐只有这样才能有实力与洋快餐争夺市场，通过公平的竞争提升中式快餐连锁加盟的各项品质，满足消费者的不同需求。

有句话说“胃离心最近”，抓住人的胃口才更容易抓住人的心。

案例

为什么国际食品巨头也不可靠

2014年7月20日，据上海广播电视台电视新闻中心，官方微博报道，麦当劳、肯德基等洋快餐品牌使用过期食品原料被调查后，上海福喜食品有限公司在美国的母公司福喜集团逐渐走入公众关注的视野。这家拥有近百年历史的食品巨头，是全球最大的肉类及蔬菜加工集团，其提供的半成品、成品食品每天源源不断地流向麦当劳、肯德基、必胜客、沃尔玛、星巴克等众多知名餐饮公司的门店。这提醒人们，食品安全问题不容忽视，再好的食品企业也可能存在不为人知的食品安全问题。

上海福喜食品有限公司成立于1996年，是美国福喜集团在上海的分公司。该公司拥有5条生产流水线以及肉类、蔬菜、水果、面粉类加工车间，产品包括猪肉、牛肉、鸡肉、蔬菜、水果、面食等制品，并拥有出口我国香港、日本的资质，年生产能力为2.5万吨，员工500名左右。

该公司生产的食品原料源源不断地供应给了麦当劳、肯德基这些洋品牌，而此次被曝光的过期食品，在这家公司的生产车间被发现了。

美国福喜集团是总部位于美国伊利诺伊州奥罗拉的一家大型食品加工企业，服务于零售和大型食品公司，消费者所熟知的麦当劳、肯德基、必胜客等“洋快餐”均是美国福喜集团的大客户。

该集团1909年成立于芝加哥，最早是一家家族式肉制品公司，经过一百多年的发展，美国福喜集团已经成为全球性食品生产加工供应商，拥有美洲、欧洲和亚太地区三个区域中心，在17个国家拥有57个食品加工工厂。

该集团生产产品包括牛肉、鸡肉（生鲜和成品）、猪肉、蛋液、即食蔬菜和面食类等。2011年，美国福喜集团以30亿美元的年收入入选福布斯杂志评选的美国最大的私营企业榜单，位列第136位。2013年，美国福喜集团实现年收入59亿美元，在福布斯该榜单的排名上升至第62位。

美国福喜集团最早于1991年在北京开设了第一家食品加工厂，随后通过投资和合资等方式，不断扩展其区域性工厂。

目前，美国福喜集团在中国共有9个食品生产加工工厂和1个总部。

美国福喜集团主席兼首席执行官谢尔顿·莱文曾表示，集团在可持续发展方面关注社会责任、供应链（经济）责任和环境责任，并认为这三方面的责任使得集团“成长为更强大的公司”。

作为一家食品加工企业，美国福喜集团处于食品行业产业链的中游，对于上游供应商和下游客户都负有责任。

在其官方网站上，美国福喜详细列举出了在可持续发展方面，公司所承担的多重责任。但是，这些在社会责任和食品安全方面的具体措施是分地区来执行的，各地区所执行的标准和措施参差不齐，以在美国和欧洲地区所执行的标准和规范数量最多。

例如，在社会责任方面，美国福喜在美国和西班牙执行一系列措施，如在美国的食品安全计划，通过X射线检测食物中的异物；在西班牙的雇员安全计划，用于培训车间工人在工作时避免遭受意外事故以及事故发生时的应急处理等。这部分责任中，并没有和中国相关的内容。

在经济责任方面，主要包含动物福利、化学和农药用品安全使用等方面，主要在包含美国、菲律宾、欧洲、印度等地区和国家执行。这部分也没有和中国相关的内容。

在环境责任方面，主要是水资源、能源和废物处理等循环利用，这部分与中国相关的是水循环处理装置，根据该集团的这份声明，美国福喜集团在上海安装了水循环系统，使得水资源可以循环使用，而非像过去那样一次性用水，声明称该装置每天能够节约用水250吨，节约能源消耗890千瓦时。该份声明并没有标注日期，因此无法确知该装置的安装和使用时间。

根据以上资料不难发现，美国福喜集团在中国所执行的相应环保、食品安全等措施还极为欠缺。

莱文曾表示，该公司并不同于其他普通类似规模的公司那样依照上级指令管理，而是“像一个大家庭一样运作”，并认为是该集团开展业务“最为有效的办法”，并将之称为美国福喜集团的企业文化。

但也许正是这样缺乏上级统一指令，相对“散乱”的经营管理，才使得其在中国的分公司在食品安全措施执行方面的疏漏和隐患。作为一家跨国性的食品供应企业，本地化固然重要，但在本地化的同时，如何保证食品安全规范“不打折扣”，则是需要各方深思的问题。

第八章　电商背景与具体的趋势

第一节　中式快餐的时代机遇

◎ 社会生活节奏

古人说“一叶落而知天下秋”，说的是一种趋势，趋势一旦出现，总会有某些社会的、自然的变化表现出来。

清朝乾隆年间夏末的某一天，忽然有人来江南名医叶天士家请他出诊，去求治一个难产的妇女，叶天士随即前往。在途中，了解到病人家属已请了薛生白来诊治过，但是没有产下。薛生白与叶天士是同乡近邻，在江南与叶天士医术齐名，只是薛更年轻些。叶天士十分纳闷：薛生白诊技也不错，却为何不见效果呢？说话间来到病人家里，产妇已经奄奄一息，她的家人说：薛生白诊断是产妇气血双亏，无力运胎，气血滞行，交骨不开；他的方子以气血双补、行滞活血、催生下胎的药为主。叶天士接过药方一看，这个方子很好，不过还难以治这个产妇的病——因为缺乏同气的药，不能使诸药达到病所。这时候，叶天士忽然走到窗外，在梧桐树下静立。不久，树上有一片梧桐叶飘落，叶天士立即捡起这片叶子交给病人家属，把原方中的药引子“竹叶三片”改为“桐叶一片”马上重新煎药、服下。不出叶天士所料，产妇很快便顺利地产下胎儿，母女平安！这件事传到薛生白耳中，他有些不以为然，认为叶天士不过运气好罢了。叶天士听说之后，写了一封信给薛生白，是一首诗谜：有眼无珠腹中宝，荷花出水喜相逢，梧桐落叶分离别，恩爱夫妻不到冬。提示秋分之时的气息，梧桐落叶最为强烈，而同气相求，才使胎儿立下……薛生白读罢，感到豁然开朗，深感叶天士博学睿思，十分佩服，自叹不如。

这个故事还有一个版本，说是叶天士并没有对外做什么解释，只是他的做法传播开了。有一次深秋时节，一位庸医遇到难产病人，庸医开方之后也加了“桐叶一片”，结果服药无效一死两命，后来这个庸医自我辩解的时候说了一个理由，说“桐叶一片”是叶天士大师的成功案例，大师也是这样做的，有错吗？叶天士听说之后禁不住扼腕叹息，他说：“我选那片落叶时，恰恰是立秋那一天的申酉交更之时，恰恰是立秋第一片落叶，这片落叶带着天籁之音，岂是深秋之后随便一片落叶可比？”

这里所谓“天籁之音”大概就是说最早的变化发动之际的痕迹，当然会携带更多信息、俱备更大的影响。

有位摄影师拍的旧西湖十景之一“柳浪闻莺”简直是绝美，有人请教他这么惊艳绝伦的风景是怎么拍到的。他说：这一景，一年之中只有春天最有代表性，春天只有初春时节最有韵致，初春时又只有一天最有感应，这一天最好的时节是上午某时某分——柳枝最柔、柳芽最萌、阳光的角度和亮度最适宜、黄莺最动情、湖水最清澈等，各种因素都达到绝配。如果这一年这一天这一刻某个因素出现误差，比如偶尔阴天，那么就要等到下一年了……就这样坚持，终于拍到一幅经典的照片。就比如“唐诗、宋词、元曲”代表一个时代，当时不是没有其他文章体裁，并且其他体裁没有美文，只是这一种最能代表这个时代的趋势而已。

现在，让我们在趋势的意义上观察一下中式快餐吧。

我记得很清楚，2013 年我去德州帮助加盟商找店，偶然在大学路附近看到一处很方便聚集的店铺，建筑结构也好，可以做很大的门面，关键是刚刚贴出“出租转让”。我们立即上前观察，原来是一处网吧在转让。经过一番谈判，双方很愉快地成交了。这次成功的案例对我启发很大，随后我们又复制这个转换模式——主动出击，联系一些位置合适、正在营业的网吧，真的谈成了好几处。这个现象也好理解，随着手机与平板电脑的功能提升，以及无线上网信息的迅速推广，过去许多需要到网吧利用电脑连接有线网络去做的功能很容易在手头实现了——就像手机的普及消灭了大量座机一样。

此前，我们已经多次与营业之中的服装店谈判成功，顺利接手改做中式快餐店面，也都是顺风顺水的感觉。隐隐约约我们察觉到这里面似乎有一种发展趋势、一种波动的节奏，而中式快餐似乎很符合这种节奏，所以它发展得就很顺利。就像那一片立秋的落叶，瞬间打开一个发展时段。

前面我们分析过中国餐饮大行业的五个层次，我们由高到低再梳理一下。首先是高端的流派菜系盛宴，这个涉及公款消费已经被削得形销骨立了。

然后看看最低端的小地摊，不可否认，随着社会整体生活水平的提升，加之城建交通、环保、卫生等职能部门监管得越来越严，小地摊越来越趋向消失，这个是社会发展的结果。

两端压缩，那么中间三个业态是否平均分配那些挤压出来的需求呢？不是的，小夫妻档、标准快餐、特色简餐三者也在竞争，实际上标准快餐店最有竞争优势，这也是社会发展的快节奏的结果。

在某种意义上说，中式快餐已经不是“第一片叶子”，而更像是“柳浪闻莺”的那种状态，在电商背景下，已经发展成为一个强大的代表性的行业了。

如果我们以平常心客观地审视历史，终于会发现：某一个行业的“兴也勃焉，亡也忽焉”，真的与政治没有根本关联，是社会发展所驱使。

◎ 创业的平台——没有英雄的时代

很久很久以前听过一个故事，随着我的阅历增加它渐渐由“神秘”到“复杂”到“简单”了。

某地有个算命先生，据说算得很准。有一年三个秀才进京赶考路过这位先生家，他们听说这位先生的“威名”之后决定找先生预卜一下前程。算命先生很严肃地问清每个秀才的生辰八字，最后只是高深莫测地挥毫写了一个“一”字，然后啥也不再说了，礼貌地端起茶杯。三个秀才识趣地起身告辞，算命先生执意送他们到小村外。到了小村外，算命先生忽然指着路边一株大柳树说：“这棵柳树是我家的”。然后秀才们走了，然后算命先生也“走”了。然后几年过去了，某一年，当地县令忽然接到一个财产官司，是两家为村边一株大柳树而起诉讼。这株柳树恰恰是当年算命先生送别秀才们手指过的柳树，诉讼当事人一方恰恰是算命先生，这位县令恰恰是当年找算命先生预卜前程的一个秀才。县令接到诉状略一审视，立即回忆起当年赶考的经历，回忆起先生挥毫所写的“一”字，禁不住十分崇敬：先生真是料事如神啊，当年他预言“只有一个考中”，结果只有鄙人金榜题名，其他两个同窗名落孙山；而且当年他一定是算到我会来此地主持县务，所以临别特意留言提示“这棵柳树是我家的”，神人啊！故事的结果不言而喻：县令大笔一挥，判——柳树是算命先生家的。

人在小时候大概都容易轻信，我听了这个故事之后就忽然对那个算命先生充满崇拜之感。

这种崇拜感持续了很久，后来，是因为人生中的阅历一点点增加，才把它一点点打消的。首先，是那个高深莫测的“一”的消解，原来一个“一”可以有那么多解释：只有一个成功，只有一个不成功，一起都成功，三个一个都不成功。

其次，是那棵柳树的消解，而我已经明白了，当年那个算命先生确实处心积虑地经常对他遇到的所有陌生人说“这棵柳树是我家的”，而那棵树实际上确实是别人家的！西方谚语说“谎言重复一万遍就成了真理”，尤其是在他“算对了”某件与某个人自己切身利害相关的事之后，以这某个具体的人来看他这个算命先生，真是一句顶一万句啊。

撇开算命先生的处心积虑不说，一个毋庸置疑的事实是：大概率事情需要民众参与。电商时代就是一个典型的大概率事情。林肯说过这样一句话：“你可以永远欺骗一部分人，也可以暂时欺骗所有的人，但是你不可能永远欺骗所有的人。”

有人说“网络时代是没有英雄的时代”，我不知道这句话有什么根据，但是我有一点相信：信息越公开人们的盲目崇拜会越来越少。公众追求的会越来越接近真实，他们受到的对待会越来越公平。标准快餐恰恰是这种趋势的产物。

中式快餐也是这样，因为标准化、技术分解，给了尽可能多的人以参与的机会。

这是一个平民创业的平台。

案例

时代的淘汰歘然而至

所谓历史潮流势不可当，有些深刻变化其实已经发生，当我们拉开时间距离来看，甚至是会感到十分震惊的。上面说的五大类餐饮业态的分化趋势，确实是时代的推进，至于向中式快餐这种形式集中，也是人们对市场触摸之后的本能反应。下面这个案例是我自己的亲身经历，可以说明许多问题。

这家加盟商刚刚转让出去的生意是一处高速路下道口附近的旅馆、酒店大院，大院共有三排几十个房间。具体的业态结构是：前面吃饭、后面住宿。

前几年，他们的生意很火。

包头有个这样的地方风俗：婚嫁庆典一般要三场酒宴，头一天，很多祝贺的亲友都到齐了，安排在饭店住下，开喝；第二天是大喜之日，当然要大喝；第三天，还要喝一场，然后才依依不舍地解散。

而从去年开始，忽然改成只有一场欢宴了，由普通饭店改到高档酒店去了——钱没有少花，而节省了时间。这实际上是当代社会生活节奏加快的结果。原来包办酒席三天三场欢宴，现在高档酒店一顿饭。整体消费金额没有减少，但是时间成本迅速下降，提高了效率。

所谓“春江水暖鸭先知”啊，市场前沿的经营者首先感到了这个变化，于是这对加盟商夫妇考察到济南的中式快餐连锁加盟市场。

这一回，加盟商来济南考察餐饮加盟，禾言己的营运定位与他们的想法不谋而合：加盟商看到“高端”的趋向，而禾言己的蟹黄包项目定位在大型超市、高档美食城等消费场所，主打青年人消费群体。两家的想法是一致的，所以合作起来也很痛快。

回济南的路上，我自然是要反思这件事情。所有的感动、感慨、感悟概括为一句话：社会的发展趋势彻底改变了人们的生活节奏，而快餐（含简餐）顺应了这个潮流。

第二节　中式快餐的时代特征

在现时代，标准中式快餐出现了，它一出现就带着三个特征：品牌化、差异化、网络化。

◎ 加盟品牌

标准中式快餐实际上是在连锁加盟的基础上才出现的，这在我们简单回顾中国餐饮历史的时候已经看出端倪了。说起来很多事情好像是“倒着”发生的，不是先有中式快餐的标准化，然后依据标准化的模式逐渐推广连锁加盟，而是先有西式快餐连锁加盟公司进入我国市场，然后激发本土连锁加盟公司，折腾一番之后再开始标准化。

这个状况既现实而又无奈，本书不做过多的关注了，留到下一部书《做好创业规划》里再展开讨论吧。

中式快餐连锁加盟公司的出现，可以用“忽如一夜春风来”形容。绝大多数的加盟公司都具备自己的餐饮品牌，自有品牌是新时代的一个大的趋势。也许正是因为中式快餐连锁加盟这个行业能够整合许多时代趋势，传递更多时代信息，所以具备更多的发展活力。

首先，连锁加盟品牌比较容易能“混个脸熟”。这里其实也有两层意思，一是某个品牌持续发力，坚持培养自己的形象声誉，不断丰富产品内容，渐渐产生了广泛的影响；二是某个品牌有了一点影响之后，在视觉形象、称谓谐音等方面被模仿——其他新兴品牌自觉或不自觉地接近这个品牌形象，对这种现象，我们这里不置评价。

其次，人们也越来越认识到品牌背后“标准化”的力量。中式快餐品类丰富，首先表现在口味的错综复杂，所谓众口难调，怎么办呢？最好还是以不变应万变，就是坚守一个相对大众化的口味，持之以恒地避免人为的干预，这时候统一的料包应运而生了；内在的也是更关键的是营养搭配问题，需要科学的统计、计算，然后严格按标准推行。究其实，这也是连锁加盟公司的品牌优势所在，可惜的是，在这个新兴行业，我们看到了一些骗子公司——广大投资人一定要慎重。

再者，国家疏导与“便于管理”有关系。我们所谓国家疏导不是一句空话，是有具体的支持的行为表现的。比如，2016 年春天在济南高新区，我协助一个加盟商办理营业执照，在接待综合管理局的工作人员到现场验收厨房的时候，我听到工作人员认真地追问了一句：“你们是不是加盟的品牌？是不是还考虑以后开分店、做配送？”——并且解释说如果有那样考虑的话，可以提前申请，他们愿意协助审批。还有，2015 年初夏参加一个省工商局召集的研讨会，省里的工作人员倾向于扶持标准化的、统一供应的、连锁经营的快餐店面品牌。他们的说法是既方便群众也便于管理。

总之，品牌，基于标准化的品牌是各方面都普遍接受的趋势，正是在这个意义上，我们走进中式快餐，看看它的优势。

◎ 差异化竞争

竞争是残酷的，所谓“市场即战场”是不错的，怎么才能最后生存，或者说胜出呢？

前面说标准化是大趋势，具体到某个加盟公司，越是严格的标准化就越带来差异化的实际结果。有句广告语说得好“总是被追赶，从未被超越”，其实这个差异不仅仅是产品研发，还应该包括生产设备、营销服务模式等方面。能够不断与时俱进地输出这些标准是不容易的，需要加盟公司扎扎实实地跟踪市场、收集热点消费信息、磨合新的营运思路和及时反馈到加盟店。有担当、负责任的加盟公司才会这样做，因为这需要巨大的成本投入，好处是会赢得公司长远发展。

我们呼唤竞争，尽快淘汰那些算计着打一枪就走的骗子公司；良好的竞争也会促使有良心的中式快餐连锁加盟公司不断提高服务水平。

◎ 插上互联网的翅膀

虽然“莆田系”靠网络做欺骗广告的斑斑劣迹给互联网抹黑了，但从这件事我们看到三点：一是它能迅速做大证明互联网是个神奇的新东西；二是证明互联网虽然神奇但是其自身的问题是不会被掩盖，毕竟科技进步信息时代会使人类更加耳聪目明；三是人类进步产生的好东西应该是人人都能享用的，所以中式快餐连锁加盟行业也要插上互联网的翅膀。

下面，说点轻松的话题吧。关于识别码的一个快乐场景。

今年初夏，济南明湖馅饼店开业，公司市场部和网络推广部去给他们协助做推广活动。市场部主要做地推，常规的；看点在网络推广部那边，他们以公司所有加盟商为基数，设计了一种返利中奖活动。就是说假设公司在全国的1500家加盟店都在做这个活动，每家店每天有500个消费者，以此比例设置奖项，一等奖奖励会员卡100元，中奖的当场兑现，由店里代付，随后公司以料包的形式予以拨付。店里没有实际投入只有切实回报；公司得到的一是维护了品牌，二是收集了各地的客户信息；顾客轻轻一扫可能得到巨大的惊喜。

按说这么大的基数，中奖率不会很高；并且是随机出奖，也就是说避免了人为地操控出奖。但是也就巧了，那天我们在明湖馅饼店陆续扫出两个大奖、四个小奖！工作人员倒是高兴，店老板已经分不出是喜是忧了，而焦急的是随行的网络总监——万一到处都是这种局面，他怎么办？

这本书写完初稿，我一直迟迟不考虑出版，就是想要等一等，想看到“互联网”对市场所产生的冲击的一个阶段性结果。

请看看网上马云与王健林打赌的故事，再看看当下“新零售”已经超越他们两个人当初的“执念”成为新的经营形式。也正是那句互联网时代的老生常谈：“你以为彼此是竞争对手，最后却被貌似不相干的行业外的第三方干掉了。”

缤纷复杂的表象之下，有没有一个坚实的逻辑基础呢？让我们回归人类本身。从大处说我要验证我的“及时型”消费的理论的准确性，为一个行业做背书；从小处说我也要为我自己的判断做个明白的证实。

第九章　中式快餐连锁加盟的规矩

第一节　不以规矩，不成方圆

鲁迅先生说过一句话：其实地上本来没有路，走的人多了也就成了路。

人世间的事情大概也都是这样，连锁加盟这种事情也没有天生的模式，是某些人探索出来的。当然，深入地分析可以发现那个人、探索的人也不是天上掉下来的，他的探索轨迹离不开他所处的历史积淀的文化背景，更离不开他现实的生活环境。

◎ 国际的特许经营模式

关于加盟，真正的起源应该在国外。说实话，在这个方面，我们是被动的。我亲眼看到了现实是怎样发生的。在现代中国大地上，这个业态是如何一点点生发出来的——哪怕是“忽如一夜春风来”，也是从无到有、由点到面，有些清楚的发展轨迹。为了更直接，我们不妨就只顾梳理、总结我们看到的现实吧。

我们对国外的快餐加盟模式、更准确地说是特许经营模式的接受是从肯德基、麦当劳开始的。

特许经营的定义有很多种，在国际上广泛通用的是国际特许经营协会(International Franchise Federation)的定义，即特许经营是特许人和受许人之间的契约关系，对受许人经营中的如下领域，经营诀窍和培训，特许人有义务提供或保持持续的兴趣；受许人经营是在由特许人所有和控制下的一个共同标记、经营模式和过程之下进行的，并且受许人从自己的资源中对其业务进行投资。

下面是肯德基大叔创业的故事，加下划线的句子是我特意画出来的，请读者朋友稍加注意，对经营定位、对技术研发、对特许加盟的探索、对立志创业的信念等的理解——会对我们有很大的帮助。

一个老人的笑脸，花白的胡须，白色的西装，黑色的眼睛，常常都会被我们看到，几乎遍布全球各个角落，这个笑容，恐怕是世界上最著名、最昂贵的笑容了——哈兰·山德士上校，这个和蔼可亲的老人是快餐连锁店“肯德基”的招牌和标志，这个著名品牌的创造者也正是他。山德士发明的炸鸡，我们可能都在肯德基吃过，可是你了解山德士的艰难创业之路吗？

山德士上校

哈兰·山德士，1890 年 9 月 9 日出生于美国印地安那州的一个农庄，家境一般。可是就在他 6 岁的时候父亲去世了，留下他母亲和 3 个孩子，生活变得十分艰难。他母亲不得不在外面接很多工作来做，白天去食品厂削土豆，晚上继续给人家缝衣服。山德士是老大，承担起了照顾弟妹、为母亲分忧的重任。白天母亲不在家，小山德士便自己做饭，一年之后，他已经能够做 20 个菜，成了烹饪能手。

山德士 12 岁那年，母亲再嫁，他和继父的关系不好，刚到 6 年级，他就不想读书了，山德士决定出去工作。他先到一家农场去做工，辛辛苦苦仅能维持温饱。后来他换过很多种工作，做过粉刷工、消防员，卖过保险，还当过一阵子兵，后来他还得过一个函授法学学位，因此有一段时间能够在小石城当上治安官。

山德士 40 岁的时候来到肯塔基州，开了一家加油站，来往加油的客人很多，这些人因为长途跋涉表现出饥肠辘辘的样子，看到这个情景山德士有了一个念头：是不是应该顺便做点方便食品，满足这些人的要求呢？况且他的手艺本来就不错，时常得到妻子和孩子称赞。立说立行，他马上在加油站的小厨房里做了点日常饭菜，销给顾客，这些特色食品得到了顾客们的热烈欢迎，其中的炸鸡更是备受推崇，有的人竟然不为加油而专门来吃鸡——这就是后来举世闻名的肯德基炸鸡的雏形。

这个情景与中国贵州“老干妈”神似，山德士的炸鸡的顾客越来越多，很快超过了加油站的生意，于是他在马路对面开了一家餐厅，专门经营炸鸡。餐厅生意兴隆，不久便扩建了142人座的大厅。山德士始终抓住质量不放手，不但始终亲自做炸鸡，而且以后的几年一边经营一边持续研发工艺，终于形成了独特的配方——含有11种香料，产品外酥内嫩，表皮形成一层薄薄的、几乎未烘透的壳，鸡肉湿润而鲜美。就像可口可乐的配方一样，这种配料配方至今还在使用，据称调料已增至40种。这是肯塔基最重要的秘密武器。

1935年肯塔基州州长为了表彰他的巨大贡献给他颁发肯德基州上校官衔，这就是至今人们都在称呼的“亲爱的山德士上校”的由来。

第二次世界大战后一贫如洗

生意越是不错，山德士越是积极扩展，他别出心裁在饭馆旁边加盖了一座汽车旅馆。——在著名的霍德华、约翰逊汽车旅店建成之前，山德士做成了第一个集食宿和加油为一体的企业联合体。

伴随着顾客增加，餐厅不断出现问题。这是前进中的问题，山德士于是专门到纽约康乃尔大学学习管理课程，这为他以后解决饭店管理问题提供了帮助。但是还有问题——随着山德士餐厅的名声越来越大，客人越来越多，出餐速度的“瓶颈”越来越严重，他总是一边马不停蹄地为顾客炸鸡，一边听着急于赶路的顾客在旁边不停地抱怨。山德士越来越烦恼，不知道该怎么办。这时候，好像偶然的一次压力锅展示会给了他启发：压力锅可以大大缩短烹制时间，又不会把食物烧糊，这不正是解决炸鸡问题的最好方案吗？

1939年，山德士开始做压力锅炸鸡的试验。他反复试验了各项有关烹煮时间、压力和加油的配比后，终于总结出一种独特的炸鸡工艺。在这个压力下所做出来的炸鸡是他所尝过的最美味的炸鸡——至今肯德基炸鸡仍维持这项巧妙的工艺。并且正如他想要的，仅仅用 15 分钟就能炸好一只鸡，这样的炸鸡又一次成为当时大家追捧的热点，30 年代经济大萧条时期，山德士的餐厅逆势上行。

可惜后来山德士一连遭到几次打击。先是第二次世界大战的爆发给了他一次打击，战争期间实行汽油配给，他的加油站关门了。从此山德士专心经营自己的饭店，就在这时候新建横贯肯塔基的跨州公路计划公布了，山德士餐厅所在地的道路被新建的高速公路占用，这是个巨大的打击，他不得不变卖资产偿还债务，所得的款项只相当于公路通车前的总资产的一半。为了偿清债务，连他的银行存款也用光了。一下子，山德士，这位昔日受人尊敬的上校，从富翁变成了一个一文不名的穷人。

山德士已经 66 岁了，这时候他所能依靠的只是自己每月 105 美元的救济金。但是山德士并不想就此了却自己的一生，这不是他想要的生活。

1009 次的失败

山德士努力探寻出路，他反复思索，发现自己拥有的最大价值就是炸鸡，这是一笔巨大的无形资产。他想起犹他州的一个饭店老板曾经买他的炸鸡做法。后来这个老板干得不错，因此又有几个饭店主也买了他的炸鸡作料。相当于他们每卖 1 只鸡，付给山德士 5 美分。这时候山德士想：虽然还没有人这样做，但是这也许是一个新的事业。

山德士上校于是开始了他的二次创业，他搬起那只压力锅，还有一个 50 磅的作料桶，开着他的老福特，就这样上路了——白色西装，黑色蝴蝶结，白发上校始终这样一身绅士打扮。从肯塔基州到俄亥俄州，他停在每一家饭店的门口，兜售炸鸡秘方，要求给老板和店员表演炸鸡。如果他们喜欢，他就进一步要求他们购买特许权，由他提供作料，并传授炸制方法。那时候没有人相信他，饭店老板甚至觉得这个怪老头脑子有问题。山德士的推广工作做得很艰难，整整两年，他被拒绝了 1009 次！但是他继续走进第 1010 个饭店，他终于得到了一句肯定的回答。

1952 年，第一家被授权经营的肯德基餐厅在盐湖城开业了，这是世界上餐饮加盟特许经营的开始。紧接着，忽如一夜春风来，山德士的业务迅速扩大。短短 5 年，他在美国及加拿大发展到 400 家连锁店。1955 年，山德士上校注册成立肯德基有限公司。当时他接受了科罗拉多一家电视台脱口秀节目的邀请。他依然是白色西装，黑色蝴蝶结，白发上校，戴上自己多年的黑框眼睛，出现在大众面前——就是今天老资格上校烹制炸鸡的形象。70 岁的山德士被争着抢着要同他合作的人们团团包围，要买特许权的餐馆代表蜂拥而至。他建起了学校，以便这些餐馆老板到肯德基来学习经营特许炸鸡店。

永远的肯德基形象

1964 年，一家投资集团提议用 200 万美元来购买该项事业，这在当时是笔不小的数额，山德士考虑到自己已经 74 岁了，同意把这项新兴的事业交给下一代去做。本来退休的山德士该好好歇歇了，但是这个永不知疲倦的老人继续为肯德基代言，他经常开玩笑说："我的微笑就是最好的商标。"考虑到他的巨大声誉，新主人乐意付给山德士一笔终身工资，专门请他担任肯德基炸鸡的形象大使，广泛进行宣传。

1971 年，这家投资公司将这项潜力无穷的事业出售给了休伯莱恩公司。此后的5年，肯德基销售额每年平均增长96%，1976年达到2亿美元。新开了近 1000 分店，其中绝大多数是特许经营。后来，肯德基事业不断转手、变化，但特许经营的方式一直没有改变，炸鸡配料虽然越来越多，但永远都是在那个最经典的 11 种原料基础之上而形成的。它的形象也永远都是那个一身白色西装、满头白发，戴着黑框眼镜，永远笑眯眯的山德士上校。

成功秘诀

山德士的一生是经典的"美国梦"的故事：做过各种各样的工作，40 岁的时候才找到了自己事业的起点，然后在餐饮业上历经挫折，66 岁的时候东山再起，创造出另一个辉煌，开创了"特许经营"模式。凭借这个模式肯德基成为当今全球最大的炸鸡连锁集团。

山德士可以说为肯德基付出了毕生的心血和努力——在他以90岁高龄辞世前不久，每年还要做长达25万英里的旅行，四处推销肯德基炸鸡。他创立的炸鸡事业给肯塔基州带来永恒的魅力，人们可以不知道美国地理上的肯塔基州，但他们不可能不知道肯德基的名字。山德士用一只炸鸡，改变了人们的饮食世界。

让我们记住他成功的秘诀——坦然面对第1009次失败，66岁再创业也不晚。

◎ 中国特许经营的发展模式及相关政策、法规

◎ 特许经营

特许经营是许可证贸易的一种变体，特许权转让方将整个经营系统或服务系统转让给独立的经营者，后者则支付一定金额的特许费。

中国政府对特许经营的法律定义：特许经营指特许者将自己所拥有的商标（包括服务商标）、商号、产品、专利和专有技术、经营模式等以特许经营合同的形式授予被特许者使用，被特许者按合同规定，在特许者统一的业务模式下从事经营活动，并向特许者支付相应的费用。

特许经营权是指特许人拥有或有权授予他人使用的注册商标、企业标志、专利、专有技术等经营资源的权利。在特许经营权中，品牌和技术是核心，品牌一般表现为特许人拥有或有权授予他人使用的注册商标、商号、企业标志等；技术包括特许人授予被特许人使用的专有技术、管理技术等。

◎ 特许经营的特点

虽然不同国家、不同组织对特许经营有不同的定义，但一般而言，特许经营有如下特点：

1. 特许经营是特许人和受许人之间的契约关系。

2. 特许人将允许受许人使用自己的商号和（或）商标和（或）服务标记、经营诀窍、商业和技术方法、持续体系及其他工业和（或）知识产权。

3. 受许人自己对其业务进行投资，并拥有其业务。

4. 受许人需向特许人支付费用。

5. 特许经营是一种持续性关系。

◎ 特许经营的纽带

商标　产品商标、商店字号和服务字号，是一种可以明确描述的自然人或法人产品或服务的标志。

特殊技能　特殊技能是现代特许经营的重要组成部分。特殊技能必须是秘密的、实质的和可鉴别的。所谓秘密，即特殊技能具有独创性，如果不与特殊商品联系就不能获得；实质性指特殊技能对加盟商必须是有用的，能给其带来利益；可鉴别性指特殊技能可以用一种确切的方式描述下来，以证明它能满足秘密的和实质性的条件。

经营模式　特许商不仅提供给加盟商商标、特殊技能，而且还提供一整套营销和管理的系统，包括培训、店址选择、行为规范、财务制度等。

◎ 特许经营的分类：

特许经营按授予特许权的方式分为以下四种类型：

1. 单体特许。

即特许人赋予被特许人在某个地点开设一家加盟店的权利。

2. 区域开发特许。

即特许人赋予被特许人在规定区域、规定时间开设规定数量的加盟店的权利。

3. 二级特许。

又称为分特许，即特许人赋予被特许人在指定区域销售特许权的权利。在这种类型中，被特许人具有双重身份，既是被特许人，同时又是分特许人。

4. 代理特许。

即特许人授权被特许人招募加盟者。被特许人作为特许人的一个代理服务机构，代表特许人再招募被特许人，为被特许人提供指导、培训、咨询、监督和支持。

商业特许经营按其特许权的形式、授权内容与方式、总部战略控制手段的不同，可以分为以下三种：

1. 生产特许。

受许人投资建厂，或通过帖牌生产的方式，使用特许人的商标或标志、专利、技术、设计和生产标准来加工或制造取得特许权的产品，然后经过经销商或零售商出售，受许人不与最终用户（消费者）直接交易。

产品－商标特许　受许人使用特许人的商标和零售方法来批发和零售特许人的产品。作为受许人仍保持其原有企业的商号，单一地或在销售其他商品的同时销售特许人生产并取得商标所有权的产品。

2. 经营模式特许。

受许人有权使用特许人的商标、商号、企业标志以及广告宣传，完全按照特许人设计的单店经营模式来经营；受许人在公众中完全以特许人企业的形象出现；特许人对受许人的内部运营管理、市场营销等方面实行统一管理。

◎ 特许经营的优势

特许经营已有一百多年的发展历史，它所取得的成功已为世人瞩目。近几年，特许经营在我国也有巨大发展。这一分销方式之所以长盛不衰，有其经营优势。

1. 特许商利用特许经营实行大规模的低成本扩张。

对于特许商来说，借助特许经营的形式，可以获得如下优势：

（1）特许商能够在实行集中控制的同时保持较小的规模，既可赚取合理利润，又不涉及高资本风险，更不必兼顾加盟商的日常琐事。

（2）由于加盟商对所属地区有较深入的了解，往往更容易发掘出企业尚没有涉及的业务范围。

（3）由于特许商不需要参与加盟商的员工管理工作，因而本身所必须处理的员工问题相对较少。

（4）特许商不拥有加盟商的资产，因此保障资产安全的责任完全落在资产所有人的身上，特许商不必承担相关责任。

(5) 从事制造业或批发业的特许商可以借助特许经营建立分销网络，确保产品的市场开拓。有人说“有人的地方就有可口可乐，为什么这些品牌能够无处不在？原因就在于它们利用了特许经营方式进行了大规模的低成本扩张。

2. 加盟商借助特许经营现成的经营模式。

加盟商借助特许商的商标、特殊技能、经营模式来规避投资风险。

(1) 可以享受现成的商誉和品牌。加盟商由于承袭了特许商的商誉，在开业、创业阶段就拥有了良好的形象，使许多工作得以顺利开展。

(2) 避免市场风险。对于缺乏市场经营经验的投资者来说，面对激烈的市场竞争环境，往往处于劣势。加盟一家业绩良好且有实力的特许商，借助其品牌形象、管理模式以及其他支持系统，其风险大大降低。

(3) 分享规模效益。这些规模效益包括采购规模效益、广告规模效益、经营规模效益、技术开发规模效益等。

(4) 获取多方面支持。加盟商可从特许商处获得多方面的支持，如培训、选择店址、资金融通、市场分析、统一广告、技术转让等。

3. 特许经营因其管理优势而受到消费者欢迎。

特许经营成功发展的另一个原因就是准确定位。由于能准确定位，使企业目标市场选择准确，能围绕目标市场进行营销策略组合，并能及时了解目标市场的变化，使企业的产品和服务走在时代前列，及时满足消费者需求。

◎ 特许经营的劣势

(1) 正是由于特许本身，使得加盟商得到了一套完善的、严谨的经营体系。也正因如此，加盟商很难改变这种经营模式来适应市场的、政策的各种变化。另外，由于各个地区消费者的需求不同，特许经营固有的经营模式也很难在所有地方都能保持持续的优势。

(2) 加盟商的频繁变更造成了特许人、现任加盟商和以往加盟商之间责任不清，相互推脱责任。

(3) 特许经营只能专注于某一个领域，而不可能在各个市场都取得战略性的胜利。

中国的特许经营从一开始就是以第二代特许经营，即经营模式特许为主，而不像国外从第一代商品、商标型特许经营起步，逐步发展到第二代特许经营。中国的特许经营主要起步于第三产业中的零售业、餐饮业和服务业，相比之下，国外的特许经营一般起步于制造业，而且至今制造业的特许经营仍占一定比重。

随着社会经济和科学技术的发展，特许经营呈现以下发展态势：

(1) 发展迅速，规模有所扩大，已成为国民经济发展的一个增长点。

(2) 特许经营向多业态、多行业领域拓展。

(3) 新的、先进的管理技术手段、促销策略、经营方式被特许经营广泛地使用。

(4) 特许经营成为企业扩张的主要手段。

总之，依据特许经营在国内的短短二十多年时间内就已取得的惊人表现看，特许经营在中国的增长势头是有增无减的。从国外和国内的特许经营实践看，我们可以坚定地预言，特许经营在中国的发展必将有一个无限广阔的空间!

案例

禾言己集团加盟店的选店标准及说明

标准都是用来打破的。就像那个火车乘客责问列车长的情形：“火车经常晚点、经常晚点！还要‘时刻表’干什么？”“可是，先生，如果没有‘时刻表’您怎么知道火车又晚点了呢？”

店面选址标准也是要灵活掌握的，只不过在“灵活”之前我们先给出一个相对固定的背景墙，作为灵活的参照。

店铺类型 \ 环境类型	商场	写字楼	学校	医院	居民小区
	不同环境类型要求的店铺面积、租金价格等要素				
综合性特色餐厅	面积200～500平方米，宽度6米以上；一般3～5元/平方米/天	面积200～300平方米，宽度6米以上；一般3～4元/平方米/天	面积100～220平方米，宽度4米以上；一般2～3元/平方米/天	面积150～300平方米，宽度5米以上；一般3～5元/平方米/天	面积100～220平方米，宽度4米以上；一般1～3元/平方米/天
复合型快餐厅	面积200～400平方米，宽度8米以上；一般3～6元/平方米/天	面积200～300平方米，宽度8米以上；一般3～5元/平方米/天	面积150～300平方米，宽度4米以上；一般2～4元/平方米/天	面积200～300平方米，宽度6米以上；一般2～6元/平方米/天	面积150～200平方米，宽度4米以上；一般1～3元/平方米/天
水饺主题店	面积150平方米左右，宽度6米以上；一般3～6元/平方米/天	面积150平方米左右，宽度6米以上；一般3～5元/平方米/天	面积120～150平方米，宽度4米以上；一般2～4元/平方米/天	面积130～150平方米，宽度5米以上；一般2～6元/平方米/天	面积90～130平方米，宽度4米以上；一般1～3元/平方米/天
蟹黄包主题店	面积100平方米左右，宽度5米以上；一般4～7元/平方米/天	面积80～100平方米，宽度5米以上；一般2～5元/平方米/天	面积60～90平方米，宽度4米以上；一般2～4元/平方米/天	面积70～100平方米，宽度4米以上；一般3～6元/平方米/天	面积50～80平方米，宽度4米以上；一般1～3元/平方米/天
生煎主题店	面积50～70平方米，宽度4米以上；一般3～5元/平方米/天	面积40～70平方米，宽度4米以上；一般2～4元/平方米/天	面积40平方米左右，宽度3米以上；一般1～4元/平方米/天	面积50平方米左右，宽度3米以上；一般2～4元/平方米/天	面积30平方米左右，宽度3米以上；一般1～2元/平方米/天
煲仔类店面	面积100～200平方米，宽度5米以上；一般2～5元/平方米/天	慎重选择，不做首选	面积80～150平方米，宽度5米以上；一般2～4元/平方米/天	面积120～300平方米，宽度6米以上；一般2～4元/平方米/天	面积100平方米左右，宽度6米以上；一般1～3元/平方米/天
米粉类店面	面积90～180平方米，宽度5米以上；一般2～5元/平方米/天	性质与阿姐鱼近似	面积70～140平方米，宽度5米以上；一般2～4元/平方米/天	面积120～280平方米，宽度6米以上；一般2～4元/平方米/天	面积80平方米左右，宽度6米以上；一般1～3元/平方米/天
臭豆腐店面	面积10～40平方米，宽度3米以上；一般3～8元/平方米/天	面积10～20平方米，宽度3米以上；一般1～4元/平方米/天	面积30～60平方米，宽度4米以上；一般2～5元/平方米/天	不做首选	面积5～10平方米，宽度2米以上；一般1～2元/平方米/天。慎重选择

续表

店铺类型 \ 环境类型	商场	写字楼	学校	医院	居民小区
	不同环境类型要求的店铺面积、租金价格等要素				
小火锅店面	面积150～200平方米，宽度6米以上；一般1～3元/平方米/天	慎重选择，建议不选	面积120～200平方米，宽度6米以上；一般1～2元/平方米/天	面积100～200平方米，宽度6米以上；一般1～3元/平方米/天	面积80平方米，宽度5米以上；一般1～2元/平方米/天。慎重选择
风味肉夹馍店面	面积200～400平方米，宽度8米以上；一般1～3元/平方米/天	慎重选择，建议不选。	面积150～200平方米，宽度6米以上；一般1～2元/平方米/天	面积80～180平方米，宽度6米以上；一般1～3元/平方米/天	不做首选
备注					

综合性特色餐厅（蟹黄包——生煎包；肉夹馍—米粉—臭豆腐；水饺—煲仔类，等等，分别搭配推出）

1. 商圈选择。

店面是以大众消费为主的餐饮业态形式，选址于人口不少于5万人的居住区域或社区型、区域型、都市型商圈。商务区域，或繁华街市附近，或其他有知名度的街市；商铺门前无封闭交通隔栏、宽于1.8米的绿化带，以及直对大门的电线立杆、树木等。

2. 目标客户群。

工薪青年、商务人士、其他人群。

3. 面积。

100～500平方米。扣除1/4厨房面积，相对可以安排50～230座位。最终选择店面的大小视具体环境与消费人群而定。

4. 建筑要求。

餐厅门前须有相应的停车场，有油、烟、气排放通道，有生活垃圾处理装置，具备厨房污水排放的生化处理装置以及排放通道。

5. 租金。

底层为1～5元/平方米/天，视地段、商圈确定具体租价。人流充足的楼上餐厅、地下餐厅（尤其是写字楼商圈）也可以使用，并且相应地压低租金。

6. 水、电。

100 平方米的店面最适宜负荷 25 千瓦，15mm² 的标准铝线或 10 mm² 铜芯线入户足够使用。500 平方米的店面适宜负荷 75 千瓦，主回路可用 50mm² 铜线或 70mm² 铝线，控制回路用 2.5mm² 铜线即可。

7. 租期。

3 年以上。

复合型快餐厅（蟹黄包、生煎包、肉夹馍、米粉、臭豆腐、水饺、煲仔类等，分别交叉搭配推出）

1. 商圈选择。

店面是以大众消费为主的餐饮业态形式，选址于人口不少于 5 万人的居住区域或社区型、区域型、都市型商圈。商务区域，或繁华街市附近，或其他有知名度的街市；商铺门前无封闭交通隔栏、绿化带，最好没有直对大门的电线立杆，树木。

2. 目标客户群。

工薪青年、商务人士、过路人等。

3. 面积。

100～500 平方米扣除 1/3 厨房面积，相对可以安排 70～300 餐位。最终选择店面的大小视具体环境与消费人群而定。

4. 建筑要求。

餐厅门前须有相应的停车场，有油、烟、气排放通道，有生活垃圾处理装置，具备污水排放的生化处理装置以及排放通道。

5. 租金。

底层为 1.5～5 元 / 平方米 / 天，视地段、商圈确定租价。楼上或半地下餐厅租金略低。

6. 水、电。

100 平方米的店面最适宜负荷 25 千瓦，15mm² 的标准铝线或 10mm²

铜芯线入户足够使用。300 平方米的店面适宜负荷 50 千瓦，主回路可用 25mm² 铜线或 70mm² 铝线，控制回路用 2.5mm² 铜线即可。

7. 租期。

3 年以上。

特色型餐厅选址标准（蟹黄包、生煎包、肉夹馍、米粉、水饺、煲仔类单品）

1. 商圈选择。

店面是以时尚消费为主的餐饮业态形式，选址于人口不少于 3 万人的居住区域或社区型、区域型、都市型商圈、便利型商业街市，商铺门前无封闭交通隔栏。

2. 目标客户群。

以家庭、朋友圈、个人消费为主。

3. 面积。

80～200 平方米。

4. 建筑要求。

餐厅门前须有相应的停车场，有油、烟、气排放通道，有生活垃圾处理装置，具备出发污水排放的生化处理装置以及排放通道。

5. 租金承受

底层为 1.5～4 元 / 平方米 / 天，视地段、商圈确定租价。楼上餐厅租金略低。

6. 水、电。

100 平店面最适宜负荷 25 千瓦，15mm² 的标准铝线或 10mm² 铜芯线入户足够使用。300 平方米的店面适宜负荷 50 千瓦，主回路可用 25mm² 铜线即可。

7. 租期。

3 年以上。

标准型臭豆腐店面选址

1. 商圈选择。

客流繁忙之处，如繁华商业街市、车站、空港码头、医院，以及消费水平中等以上的区域性商业街市或特别繁华的社区型街市，宜选择交通主道、行人不少于每分钟通过 20 人次的区域。

2. 建筑要求。

餐厅门前须有相应的停车场，框架结构，层高不低于 3.5 米。配套设施：电力不少于 15 千瓦 /100 平方米，有充足的自来水供应，位置在地下室，或一、二楼均可。

3. 面积要求。

15～50 平方米。

4. 租金。

1～8 元 / 平方米 / 天。

5. 租期。

3 年以上。

第二节　中式快餐连锁加盟概观

现在，我们梳理一下中式快餐连锁加盟的组织架构与社会作用。上升到哲学的说法是“内容与形式”，俗话说的是“里子与表子”，不过就是在运营形式、实际作用两方面对中式快餐连锁加盟做一个大概的了解。

◎ 不同特色

中式快餐连锁加盟的组织架构与产品无关，这是一种真实存在的社会现象。

⊙ 国营的 以济南市的“金德利民[1]”为例

[1] 官网显示为“金德利”集团，但是其门店招牌却是“金德利民”四个字，据业内人士说好像是“金德利”商标被人抢注，而他们不甘心回购，于是模仿当年卓别林对付《独裁者》原作者刁难的思路——当年卓别林加了一个“大”字，终于使该影片顺利上映并成为经典——现在金德利集团加了一个“民”字，进而注册推广。当然，这个只是传说，在此略作备注，并对本书读者略做提醒：要有商标意识。

山东金德利集团快餐连锁有限责任公司是济南市粮食系统的一家集快餐经营、食品生产、粮油经营于一体的大型集团公司，现已成为拥有1家配送公司，4家子公司、资产2亿多元、150余家快餐网点，就业人数达4000余人的省市服务业重点企业，走出了一条规模化、连锁化、集团化发展之路。2010年营业收入超过3亿元，日服务消费者达15万人次。拥有“金德逸品”“金德利民”和“金德益民”等多个品牌，是济南市政府“居民厨房工程”“放心早餐工程”主要承担单位。近年来，金德利立足济南、面向全省，实现了济南市区、城郊和各县（市）区的全面覆盖，成为济南市的民生工程，并已成功在省内的淄博、聊城、德州、临沂、日照等地市开设网点。

金德利集团按照“创建国内中式快餐一流品牌、建百年老店”的发展目标，以服务城市居民大众化餐饮需求为依托，以发展中式快餐事业为己任，以服务群众，提高人民群众的生活质量为使命，为城市居民、家庭、学生、商务人士和流动人口提供方便快捷、质量标准、服务优良、环境优美、安全健康、营养均衡、物有所值的大众化餐饮，积极探索中国特色的快餐连锁发展之路。

近几年，金德利集团依托先进的科研、配送、物流、管理体系，先后荣获“全国绿色餐饮企业”“中华餐饮名店”“全球百佳中华儒商企业”和“中国快餐十佳品牌企业”“中国十大快餐连锁服务质量品牌”和“中国中式快餐连锁最具影响力品牌”“中国快餐50强”“中国阳光早餐奖”“十佳突出贡献企业”等荣誉称号。2009年率先通过ISO 22000食品安全管理认证。已有90余款金德利产品分别被评为“中华名小吃”“中国名菜”“全国金牌套餐”“济南名优（风味）小吃”“全国饭店业十佳品牌月饼”等。金德利是国家“放心早餐工程”、全国放心粮油进农村进社区示范单位、中心厨房建设试点单位和两项国家标准的起草单位，是国内具有较大影响力和知名度的中式快餐品牌企业。

⊙ 半国营的

要说“半国营的”这个就有些复杂了，集体所有制算是一种吧？国家持股的也应该是一种，比如金德利这样的国营企业包装上市，或者直接接受社会资金发展加盟店。

⊙ 私营的

可以“济南某大餐饮管理咨询有限公司”为例，日常工作中该公司员工一般自称“某大集团”的。

国家工商局下面有个由个体劳动者协会、私营企业私会组成的组织，简称“个私协会”，是由个体工商户、私营企业等组织和个人自愿组成，经民政部门核准登记、并接受工商行政管理部门业务指导的联合性非营利社会团体。

◎ 共同责任

不得不说，中国的饮食文化在一定程度上存在着“食物链分化”——这个问题一直没有资料证实，但是随着反腐败的深化忽然清晰地展示给我们看了一下。

宋林，土豪的生活你想象不到。

我国香港《苹果日报》报道，先期是狂造150万元公款宴席的华润集团中层被揭露，然后已经被中央免职调查的华润前董事长宋林豪饮豪食真相也被曝出。

报道说，宋林于2008年出任华润董事长，此后，位于湾仔华润总部50楼顶楼宴会厅便经常设宴招待两地“重要人物”，看起来每餐只是6~8道菜，但是22头吉品乾鲍、冬虫草炖汤、澳洲和牛、龙虾刺身等名贵菜式每次必有——只算食物成本价每人最少1000~2000元。更惊人的是酒水花费，几年来宋林喜欢喝每支8万~12万元不等的法国勃艮第罗曼尼·康帝等顶级红酒，2005年份罗曼尼·康帝每支就要12万元，一顿饭随便喝五、六支。

有知情者指出，除了酷爱红酒，宋林也喜欢打边炉以及日本料理。传说华润总部特设火锅间，以便宋林随时吃饭；宋林还喜欢向本地五星级酒店及日式料理店订购高级刺身，每次花费过万元。宋林还每日饮冬虫草水或石斛泡茶补身体。

……

我们在第一部分粗略回顾中国餐饮历史、简单汇集食材资料的时候也注意到民间有些传统的吃法，比如云南的“三叫”比如广东的“猴头”比如山西的“活驴”江苏的“鹅掌”等生吃活嚼的地方名吃，也是不断遭人诟病。

中国有句古老的格言“三辈子当官，才学会吃穿”——中国传统的餐饮文化确实有太多讲究。而现代社会公平已经逐渐成为主流意识形态，改革开放初期，看到新闻报道某国总统到大街边的快餐店吃饭，人们感到不可思议；而现在中国，党的总书记习近平也到北京大街的庆丰包子铺与老百姓一起排队买饭，无一不传达着平等的意识。

我们还是把视野收回来，幸而现在我们有了中式快餐，中式快餐的标准化加快了出餐速度也就是提高了效率；因为集约化经营，就更容易做到科学的、营养学的管理。既然这样，那我们就面向未来，努力做好它吧，让中国广大普通民众吃好饭吧。

中式快餐的意义：高效简捷，科学健康

前面我们说过，中式快餐作为历史意义上的新生事物，必然会展现现代社会的常规状态。网络化时代，信息传递速度飞快，不断加速着工作效率；而各种繁文缛节、陈规旧式都被简化以致消灭。为这个高效的社会生活解决餐饮需求、提供饮食营养，是时代进步的一部分。

中式快餐必然会传播健康生活的科学内容。这个健康生活有两方面的意义，首先是承接上面时代精神，顺应、适合社会生活，进而引导、规范饮食生活习惯；其次，在具体产品研发方面，不断借鉴营养学、养生保健等方面的知识，在一啄一饮的细微处保障国民身体素质。

因为具备以上有意义的价值内涵，那么不论是国营的还是私营的，都应该齐心协力、众志成城，责无旁贷地支撑起民族餐饮产业的大旗——为民生发展助力。

这是我们共同的责任。

第三节　各种模式的结构解析

我曾经给加盟商出过这样一道问卷题目：加盟公司，加盟的是什么？——换一个角度，就是问：加盟商加盟想要得到的是什么？

答案五花八门，包括赚钱、优质特色的产品、公司的规模实力、后续专人服务指导等。都对，又都不对。

比如说赚钱，那是当然的，可是这只是一个目标，具体要怎么实现？比如说产品，这个当然是开店的主体之一，但是，有了好的产品就一定能够赚钱吗？公司的规模实力，有参考价值，不过加盟之后公司是公司、你的店是你的店，顾客看不见公司只看你的店。后续专人服务指导倒是有用，但是他也不可能天天盯在你的店里面，长期的经营还是你自己来做。

那么，加盟最本质的东西是什么呢？

是模式。是能够传授一种持续运作的模式。

既然说到了模式，不妨从不同角度把不同层次的运作都总结出模式，并加以分析，以供创业者参考。

◎ 五种经营模式：管理公司、新零售公司、推广公司、配送公司、直营公司

根据我们在全国各地考察了解到的实际情况，中式快餐连锁加盟的经营运作方式——加盟公司和店铺营运的具体关系，具体到营销利润的分配关系——可以归纳为四个类型：管理公司、推广公司、配送公司、直营公司。

这个归纳基于管理性质，由管理最松散到管理最严密的连锁加盟形式依次递进。

⊙ 管理公司——刘建国老板的“美食城”计划

刘建国是个很敬业、很细心、勤探索、敢尝试，很机敏也很有成就。他是某大学艺术学院毕业的，后来规划着积极跨行发展，得到天使投资操作一家商城的美食城，筛选引进、设计培育了许多特色餐饮店面，开张之初就吸引了很多同行的关注，我们也因此结缘。

有一次刘老板对我讲了他的创业历程：上大学的时候他就想，租一个很大的场地，隔出多个档口，分别加盟几种品牌，使得品牌之间互相竞争，这样会不会吸引更多的消费者？

我立即告诉他：这个是一种成熟的模式了，我前年去晋城市就已经搜集了相关的资料，那是北京人玩的模式。晋城市是一个精致的地级市，只有一个大型商场集中的区域，就在这个区域，最好的几家商场都有整层被人承包的现象。承包人是北京人，他们怎么租下来的、租金多少就不好说了，但是他们怎么再租出去是透明的——他们把整层的至少三面都隔出整齐的厨房操作间，上下水、排风、电暖气、各种灶具、案板、橱柜等都配置得很完备、合理。租客只要有技术，带着原始食材进来就可以经营；而楼层中央区域早已规划好了，合理布局的隔断、巧妙搭配的桌椅、明快悦耳的音乐等，极大地激发着消费者的就餐意向。同时，他们组建专门的队伍，大力推广这个“×× 美食城”或者“×× 美食街”项目，队伍的功能不止限于招商，也负责跟踪基建、对消费者宣传项目、与媒体接洽，等等。

他们不要租金。要 20% 的点！这个合理不合理我们随后专门推算一下，问题是所有的经营流水先流进他们的账户里——按照预先设计的流程，消费者进餐厅门付款办卡；然后在整个楼层各个美食档口任意选餐刷卡消费；就餐完毕再到办卡处退卡，结清余额——如果正好赶上排队那就暂时不退卡，下次来可以继续用，于是成了回头客。这些资金迅速地回笼到项目投资方，差不多一个月才和各个档口结算一次。如果连续三个月不盈利，合同规定项目部有权解除合作，把档口经营者扫地出门。

我们算算 20% 的点数是个什么概念。一般餐饮行业是 50% 左右的毛利，快餐的毛利高一点，但是快餐使用员工多一点。纯利才是经营者挣到的钱，这个需要在毛利中扣除人工、房租、装修等费用。大概的情况是：场地越小则人工成本占比越高；场地越大则人工成本比例反倒下降。因为“麻雀虽小五脏俱全”，再小的店铺也有各项功能，需要固定人手来完成这项功能；而大的店铺人员增加反而可以互相补位，相对减少用工压力——

也就是说整体经营核算的情况下，“房租 + 装修”的比例随着经营规模的增减而渐渐反向地增减。管理公司模式下，美食城投资部分就是这个“房租 + 装修”部分，现在他要以 20% 的点数收回去，特别要注意，这个点数是总流水的比例，而不是毛利！实际上是毛利的 40% 甚至更多。而我们已经知道了，这种档口属于小场地的情况，相对人力成本占比高——但是美食城组织方通过集约经营为各个档口化解了这方面的一部分成本，这个意义上说，是双赢。

这样分析，我们应该看出来管理公司的利润有多大，效益有多好了。但是，也不能否认，管理公司给经营者承担了前期风险，降低了创业起步阶段的门坎、或者说给白手起家的创业者提供了一个相对高的平台。

我又告诉他，在乌鲁木齐的山东人方斌也在很成功地运作着这个模式。

方斌 30 多岁，很年轻就来到新疆，他扎扎实实步步为营，由谋生到谋事，现在到了谋事业的阶段。最早在乌鲁木齐地王综合城创立“哈哈美食街”的牌子，然后，接连发力，不断推出大西门哈哈美食街、火车头哈哈快餐、美食发现广场哈哈九块九品牌汉餐、第五城哈哈吃货、库尔勒哈哈吃货外卖区等经营体系。

⊙ 新零售公司——李伟阳的亿食客

上面说到哈哈吃货外卖区，不得不给读者朋友们介绍一下李伟阳的亿食客“外卖孵化器”。李伟阳毕业于名校，精通各种网络应用技术，他进入餐饮行业就是盯着外卖这种业态的，并且成功地开发出一个中式快餐外卖品牌，后来这个品牌被济南的一家餐饮加盟公司骗走了。李伟阳越挫越勇，与亿食客美食广场联系，把他的外卖系统成功地嫁接到这个美食广场。

前面我们说过，单纯的网店与传统的商城正在出现融合，线下体验与线上订购等方式合并而生的新零售正在成为新的消费趋势。李伟阳的工作就是在推动这个趋势，首先，李伟阳发挥自身优势建立了一个精准、迅速的局域信息群——便于消费者及时了解各种快餐产品；其次，李伟阳协助美食城做了建筑设计方面的改造——便于外卖小哥收取产品时迅速出入；再者，更重要的是李伟阳站在消费者的角度提出一系列问题，引导美食生产者研发新工艺，切实提高送餐的口味与观感层次。

我曾经在“及时型”消费特征这方面与李伟阳探讨，我认为这一块的市场比例在整个餐饮行业不会很大，但是所谓“有心人天不负”，我也确信李伟阳的辛勤工作必有回报。

⊙ 推广公司——大多数餐饮加盟公司

这个模式是当下大多数餐饮加盟公司的路数。

我在上部书《开家赚钱的店》开头底注部分说过“运作模式是：公司开发项目或并购项目，研究新技术、研发专用设备、提供专业技术培训、帮助评定店面、店面设计、进行长期运营指导；通过网络信息推广，引导全国有创业愿望的人士投资加盟创业。”这段话基本上点画清楚了此模式之狼子野心。在这里都不想举例了了，读者朋友到网上查查，负面的信息太多了。

正是因为新兴行业，所以出现问题我们不要怕，它还有不可限量的发展空间，相应地就有无限多的化解矛盾、解决问题的机会。

利害关系呢?

首先，推广公司收取加盟商的加盟费（可能还附带品牌运营费、经营保证金等），授权加盟商使用品牌、培训技术、配送设备、上门指导开业等。这是第一部分收取的金额，一般一次性交付。

其次，推广公司配销独家研制的料包，统一的料包能够保证加盟品牌的产品不变味儿。实际上推广公司这样大量定制采购应该能够大幅压低成本，而独家配方的垄断性有利于收取相对高一点的利润。这是第二部分收取的金额，运作好了是要长期缴付的。

最后，保障性维护工作。比如商学院后续培训，产品更新学习等。这些业务不是所有推广加盟公司都会开展，有条件进行这些业务的公司也会打出“义务”“零利润”的幌子来，但是还会有资金收取发生，运作好了推广公司还是可以产生利润的。

⊙ **配送公司——泉味轩的模块组合**

泉味轩是根据“模块组合”理念策划设计的一个中式快餐经营形式，大的来说属于配送公司的模式，具体说是“标准快餐”类型之中的“地方名吃”亚类型。

这个模式与长期、广泛、深入的市场调查有直接关系。

公司根据确定的主题组织产品生产，在生产车间的流水线批量产生各种产品——根据产品的工艺要求或生、或熟——然后公司专用班车运送到具体的经营店铺，店铺已经针对近期的营销状况调整了销售产品的品种、数量等的搭配比例，依据这个比例自专用配送车上卸货，这些成品产品在店铺稍作加工（解冻、加温、或烤熟等）然后上柜销售。

利弊关系：

（1）因为流水线生产，所以一定要有足够的经营店铺分销，并且一定的范围内配送车运送所供应的店铺越多则效率越高、成本越低。

（2）同样因为流水线生产，产品总的种类多少会受到限制，原则上种类越少则生产成本越小、品质越高。

（3）相应的，店铺厨房要求很低，选址位置更加灵活，但是店铺规模相应地都不做大店。

当然，事情总会有例外的，泉味轩旗舰店就很大，请注意它的“顶层设计”选址模式，他们把店址选定在沿街的二楼，这样极大地降低了区位优势，同时降低了房租成本，他们把这个成本转化成产品花色品种多样化，这样就容易满足各种各样客户的需求，吸引尽量多的客户。进一步看这个客户需求还包括对就餐环境的要求，大型店铺容易做到。

这个模式可以做直营，但是随着市场认可度的提升，发展加盟店铺会成为必然的结果。

济南有家全国有名的“耿波黄焖鸡米饭加盟店”也是配送公司的运作模式。他们起初做直营，但是后来加工车间超过了自有店铺的需求——与成本控制相关，更与市场认可度相关，也做起了加盟店。现在他们经营产业链不断延伸，甚至有了定点的养殖场、屠宰场，鸡肉分割之后在各个专用流水线加工，按份打包，配送到店铺。

⊙ 直营公司——禾言己的品质追求

直营连锁形式发展起来的中式快餐公司是管理最严格的一种模式。

“禾言己”在济南的门店都是这种运营形式。

这个运作模式一般都有统一的配送中心，调味料包统一，肉、菜、面等原材料统一，甚至有些产品也是成品配送。但是相对于成品配送而言他们的真正优势是“现场生产加工”，就是他们统一采购原材料之后各个直营店铺在店铺的厨房现做现卖，最大地保证了食品的新鲜度。口味一致是其最低要求，这是一个很高的难度，他们通过严格的厨师以及服务员培训来做到。

下面简单分析其利弊。

首先，他们对外都说“我们不做加盟，只开直营店”。这样他的品质、定价都真正做到了统一，这是一种情怀，也保证了在市场上的占有率。市场冲击力方面他们有很大优势，但是一旦出现某个店铺发生负面新闻的事情，往往会影响整个市场，也就是说管理成本增大。

其次，关于其融资渠道。餐饮类公司总体投资小，上市机会很少；此外民营居多，银行贷款也难；再者因为是传统行业，“风投”也不热衷。这样的行业要想有大发展就得有另外的融资之道，“单店入股”应该是经常见到的一种模式。此外“众筹”也值得考虑。

◎ 五种生产模式：牌子、技术、料包、成品、整店输出

再具体到生产环节，我们来看看加盟公司的技术能力和店里产品的具体关系的种种模式。

⊙ 挂羊头卖狗肉——只有牌子

这是改革开放早期的扩展形式，究其实，是因为改革开放之前的计划经济往往是这样做的。那是一种没有知识产权、专利意识的表现，说白了更是“温饱”线下的一种无奈，比如别人开家小店卖“商河老豆腐”火了，你立即随便找人学一些做豆腐脑的手艺，也做一块这样的牌子，摆开摊子就卖上了。那些食客呢，他们能在路边找到饭吃就很满意了，价格那么便宜还讲究啥味道嘛?

这个模式只能是这一次巨大的社会发展浪潮的前奏，任何一次波动都有萌芽、发展、高潮、降落、尾声，如此几个阶段。萌芽阶段有一点“饿死胆小的，撑死胆大的”那种状况，不过这种情况没有持久，很早就被淘汰了。现在我们偶尔还能看到被动地出现这种状况，如济南泉城路上有一家“× × 红烧肉”——其实呢，人家店家加盟俩月就不用他们的红烧肉料包了，因为死贵死贵的呗，可是店家刚刚装修的门头没舍得换，因为投资不小呢；那个加盟公司也没想让它换。虽然产品和挂的牌子实际上是没有啥关系了，但是过路人谁知道啊，留着那么大的牌匾做广告吧——于是“狗肉现象”又一次出现了。

⊙ 一本书、一张光盘就把人打发了——单纯技术

再后来，温饱解决了，所谓“仓廪足而知礼节，衣食足而知荣辱”，人们开始对口味挑剔起来。餐饮行业个体户大量涌现，有所谓“祖传手艺”的，还有“妙手偶得”的，更有“鸭子过河”的……一个行业，当然是顺应社会发展趋势而起，起来的标志就是出现大量从业人员，只有从业人员多了才有竞争，有了竞争才开始提升，开始提升才需要学习。

2014 年我去给一个加盟商评估店铺，他是改革开放后的第一批个体户，积累了丰厚的资金。现在他渐渐感到经营吃力，又选择加盟连锁，升级经营。而他最初就是“尝到了”学习的甜头。

他给我讲了如何挖掘“第一桶金”的故事。那时候，国家刚刚提倡个体户、做生意，大多数人都不知道该怎么干。有一天他有个在北京的亲戚告诉他：有台湾人在一个写字楼上传授快餐技术，可以来学学。于是他就去了，仔细一看还真是正宗的台湾人在教授技术，是教“鸡排饭”之类的东西，不过，台湾人的教法给人耳目一新的感觉——台湾人根本不动手，只是给发一些精美的图画彩页，让人看得直流口水。然后，他很快就交了钱，买回来一套光盘，光盘就是演示怎样做这个鸡排饭的，每个环节都很详细。他回来后认真地看，还真的就做出来了——也不管做得有几成像吧，反正差不多。然后，摆开摊子一卖，嗨，火了。

⊙ 包打天下，赚他一半——料包

再后来，加盟公司忽然“开悟”了，他们不再只是满足于仅仅给加盟商提供书本、光盘，这样只得到一次性的好处；他们开始提供各种料包，通过专门的服务换取源源不断的利润。

说得专业一点，就是前面说的“技术分解”之后，把核心的调味料配方控制起来，通过流水线大批量生产，不论粉末状、油酱状、汤液状等都严密封装，统称“料包”吧，然后，这些料包以物流为渠道长期给加盟商供应——至于其他食材的加工技术都分解教给加盟商，原料在当地自行采购。

坦诚地说，料包确实给加盟商提供了工艺的便利。以“红烧肉”的生产为例：1 公斤重的五花肉，切成方方正正的 24 块，铁锅烧水，先把切好的肉块焯一下；然后，按比例换纯净水，投入料包、肉块，大火烧开若干时间；接着改小火闷烧若干时间；然后时间到，关火、出锅、装盘、上桌。普通人一学就会，并且口味统一的问题算是解决了。

⊙ 懒人开店——成品配送

到这里应该够简单了吧？可是人类探索的空间是无限的，人类追求方便的心念是顽强的。说白了，人们谁不想少出力气多挣钱呢？越是没有技能的越这样想。至少在餐饮开店方面是这样的：成品配送的经营模式出现了。

好比那个“唐长佬馄饨”的开店情况：你不用担心你“笨”学不会，更不要担心你“懒”学会了也不愿意早起晚睡地做；只要你还能把锅里的水烧开，恭喜你，你可以加盟开店了。因为公司已经将成品冷鲜处理的馄饨送到店里来了，你只要把水烧开，然后再定量地把馄饨下锅煮熟就是了，然后关火、出锅、装盘、上桌。——还有，别忘了收钱，哈哈。

举一反三，“唐长佬馄饨”陆续开发出了很多成品配送的产品系列，仅是馄饨一个项目就有十几种口味。此外，还有“捞汁小海鲜”等，也是成品配送的模式。

⊙ 甩手掌柜的——配备（店长）技师

上面说的“懒人开店”一般是小型的夫妻档之类的，现在社会发展趋势是高度集中，尤其是人力资源高度向大中城市集中，这种状况也要求餐饮业相应地有规模上面的提高。再加上资本也在集中，于是大一些的加盟店面就会相应地出现，而新的模式也随之产生。比如，山东省贵州商会在济南开了几家规模较大的特色粉店，因为食材地道、口味独特所以很受顾客追捧。刚开始加盟商自己经营，顾客越多他们越是手忙脚乱，这时候加盟公司适时提供了更高级的服务——直接派出经验丰富的店长进店管理，很快就把加盟商经营混乱的局面稳定下来，营业额节节攀升。

◎ 特色卖点：营养、便捷、口味、品牌

中式快餐其实已经出现了各种流派特色，此处我们站在大多数人都会面对的情景来做一下简单观察，针对店铺我们总结出4个常见的特色卖点。

⊙ 营养

随着人们生活水平的提高和物质的极大丰富，营养保健已经越来越成为人们关注的一个重点，并且随着市场经济的越来越完善，市场分划更加细致，比如老年人、少年儿童、孕产期妇女等，其营养元素的要求绝对会有巨大差异。负责任的中式快餐连锁加盟公司都在这个方面做了不同的探索，出现了各自特色，这样他们一定会吸引到理想的顾客、服务到顾客的特殊需求。

⊙ 便捷——收款、出餐方式

便捷一直是加盟连锁公司的追求，因为这是快餐业态本身赖以产生的要素，服务便捷集中表现在收款、出餐方面。这方面的模式一般分四大类：点餐模式、选餐模式、套餐模式、自助模式等，其中以套餐模式最为便捷，但是经营中一定要实事求是地结合当地市场，以选定具体店铺的运作模式。我们在《开家赚钱的店》一书中已经做了详细的叙述。

⊙ 口味：一道名菜

中国有句俗语叫做“一招鲜吃遍天”，这句话曾几何时被批得体无完肤，成为保守、僵化不思进取的代名词，但是风水轮流转，当下又有大红大紫之势。其实每个时代有每个时代的特点，只要在一个时代偶然引领一下潮流就可以了。试想一下，我们最念念不忘的小时候的美味到现在还有多少影子呢？所以，以一道当下认可的美味做店铺招牌也不失为有效的策略，比如“禾言己 · 蟹黄包”“唐长佬 · 蟹煲饭”“坛小七 · 米线”“泉味轩豆腐脑”“王硕士臭豆腐”等。

⊙ 品牌：百年老号

这个就不要多论证了。中式快餐连锁加盟公司作为集团化运营的公司，一定要有长期发展的信念，并且相对于单店有更多抗击风浪的能力。其实单独一家店面也有做得好的，比如济南有家有名的“草包包子”店，一天我中午去吃的时候排队等候了半个多小时，终于等到个桌子角坐下，在熙熙攘攘的人群中开吃。这时候同桌的一位老人说话了：“我小时候几角钱吃饱，来吃；我有你们这么大的时候几元钱吃饱，来吃；现在十几元钱吃饱，还来吃。味道有点淡了。”呵呵，单凭少年到白头的这份陪伴，口里的味道再淡心里的味道也浓啊。

◎ 规模等级：超大、大、中、小

绝对地划分规模等级好像是不明智的做法，因为店铺是在市场上开起来的，是给所在地的市场上的人开的，因此店大、店小是相对于人流而言的。谈到人了，也许有人会说各地的人身高体重都差不多吧，能有多大差异呢？也是啊，那就从“人”的角度划分一下吧。

⊙ 超大——“城”与“街”

这个一般都是大型场地，面积 400 平方米以上，人流密集，静止容留量和流动量都很大，出餐台口有 3 个以上。

⊙ 大型

面积 150 平方米以上，人流量较大，有大型出餐台，或者不止一个出餐台口。

⊙ 中型

面积 30～150 平方米，人流量一般，一个出餐台。

⊙ **小型**

基本上是档口店，外卖，不设就餐区。

以上是对各种模式的梳理，罗列得细致一些，便于生产经营的时候实际操作，至于宏观、综合的具体的公司治理，要到《做好创业规划》一书里详细论述，敬请期待。

总之模式往往是“质量、成本、效益”三要素的合理平衡，一定要根据店铺市场定位来对产品做合理定位，想要面面俱到的时候可能哪方面都做不到。

最后，列举一个连锁加盟公司的规划、建设实例，以便广大读者朋友们对这个行业业态有一个全面的认识。连锁加盟是中式快餐发展的必然趋势，一定会成为餐饮业的主流。

我明确地提醒朋友们：创业有风险，投资需谨慎。但是老百姓说“炕头上没风没雨，可是不长庄稼”，在这么好的时代不拼搏一把，太遗憾了。至于创业中的酸、甜、苦、辣，我将会在《做好创业规划》一书中与大家继续分享。

案例

王永上的创业情怀——禾言己的营运规划、文化建设

很多公司的创业者都有一串头衔，而王永上的简介上头衔更多，我看到这样一连串头衔，第一反应是：这会不会又是一个中式快餐行业的影帝呀？但是，待我与他深入交谈几次之后，越来越发现这是一个真实的人，是一个高素质的人，是一个有结果的人。所以我决定本书的最后这个案例给创业者展示他在这个行业的作为和这个行业对他的评价。

基本可以肯定的是，我的下一本书《做好创业规划》中还会写到他，那时候会更深度剖析他创业的心态。

2006～2008年，在华中科技大学就学，连续两年获得“国家一等奖学金”。取得法学硕士学位。获华中科技大学2008届“优秀研究生毕业生”，“优秀研究生干部”“华中科技大学研究生十佳才艺”等称号。

2008～2010年，在山东美丽的海滨城市烟台，开启自己的餐饮创业之路。将街边小小的臭豆腐，通过独特的“互联网＋餐饮连锁”模式，打造成特色小吃连锁品牌。被中央电视台一套、十三套新闻频道以“研究生卖臭豆腐，小生意做出大效益”为题，由新闻联播主持人欧阳夏丹正面报道，轰动全国。创建“烟台市大学生创业联盟”并担任第一届主席，荣获2010年“烟台市创业之星”荣誉称号。

2010年携品牌项目到山东省会济南发展，在泉城路芙蓉街引领“档口小吃模式”，创造“三平方米店面年销售额180多万元”的奇迹，成为风靡泉城的经典特色小吃，被誉为“济南小吃名片”。王永上个人也被山东电视台专题栏目报道，被树立为“青春力量”的代表，成为“草根创业明星”。

2010～2015年，深耕于餐饮产业链，着力打造原材料种植生产基地、标准化中央加工仓储中心、品牌运营推广中心，形成独特的营运性餐饮连锁机构。

2015年至今，将筹备三年的禾言己项目落地济南新地标宽厚里。禾言己以国内经济最发达长三角地区的蟹黄包、生煎包等名小吃为主打，以“让粮食诉说自己”重视食材和品质的理念为指导，提前引爆消费者消费升级的热情，创造了60平方米店面30个餐位年销售额360多万元的餐饮行业奇迹，成为济南又一现象级餐饮品牌。

2016年是持续关注产品、扎实工作，厚积薄发的一年。携“王硕士爆浆臭豆腐”项目参加山东电视台、山东蓝海国际酒店集团联合举办的权威栏目“蓝海——百姓厨神”，在这个山东蓝海酒店集团鼎力举办的餐饮行业专业栏目及山东电视台收视率第一的栏目上，王永上凭借一块小小的臭豆腐，一举荣获“蓝海——百姓厨神”荣誉称号，“王硕士爆浆臭豆腐”也成为“蓝海百姓厨神上榜菜”，与蓝海酒店集团签署合作协议，臭豆腐从街头小吃进入五星级酒店的餐桌，这是国内首次通过公开、权威平台和渠道实现臭豆腐小吃品牌与五星级酒店合作。这充分体现了王永上的“工匠精神”，体现了其专注、极致的追求。“王硕士爆浆臭豆腐”项目也借此引爆市场，全国合作门店达到1300多家！

从2017年开始，为了帮助全国更多的创业者，随后将“禾言己”餐饮品牌推向全国，短短四个月时间，全国范围内合作店面达50多家，并成为世贸、万达、绿地、新业等国内知名商业地产机构的合作品牌库成员。公司规模持续扩大，初步形成了集品牌策划、产品研发、品牌推广、品牌商业运营、视觉体系表达、品牌运营管理、品牌营销、行业培训等内容的餐饮平台机构。

现在，王永上正在组织建设企业文化。

企业文化是一个组织由其价值观、信念、仪式、符号、处事方式等组成的其特有的文化形象，简单而言，就是企业在日常运行中所表现出的方方面面。

好的企业文化是有生命力的，是能在员工心中生根发芽的，是能指导企业不断发展的。定性地说，因为它包含着对企业成功实践经验的总结提炼，是对真实有效的经营行动的肯定与发扬。成熟的体系还能够定量分析，可以系统地解剖，层次分明，便于执行。

企业文化建设应该有下面几个要素：

首先，有一个最高愿景，可能是实现不了的，但是方向正确，起到终极的引领作用。其次，有一个基本创业目标（方针），经过努力奋斗是可以实现的。为了实现目标，要对企业、对员工都做出行为规范的要求，这就是企业经营理念与发展模式，就是员工价值观与行动指南。

当然还可以做得更细致，比如我曾经给某集团投资运营中心做文化建设——投资营运中心有一支作风过硬的队伍。这些人在实干中发展，探索总结出“诚信积极，一专多能，勤谋善断，艰苦创业”的中心文化，作为行动指南分别体现了工作态度、工作技能、工作方式、工作结果的要求；此外，还有“打造中国最实效的投资营运顾问团队”这样的理念；还有“诚信、尊严、进取”的精神气质；还有“保证所有认同创业的加盟商找到店面，并且经营成功、挣到钱”的承诺，等等。这些文化缘于集团总的文化体系，又结合了投资运营中心团队脚踏实地的、积极向上的工作态度。我要说，企业文化来自实践又能指导实践，会渐渐成为公司品牌形象的内核，成为企业基因，其能量是不容小觑的。比如在餐饮行业中“中式快餐健康一代中国人”和“美味装点人生”两种理念指导下会产生不同的餐饮产品。文化建设，任重而道远啊。

最后，我留一个悬念不再展示他的企业文化体系，如果有创业者需要借鉴、对照，那就敬请期待：我们下一本书中看王永上的阶段成果吧。

跋：咏三子——子铭、晓啸、蛋蛋

昨天，在 ×× 酱骨旗舰店，啃完了骨头，我叫坐在外首的子铭去要几张餐巾纸。他很自然地说："你去吧。"当时我的心一下子就凉了：6、7 岁时，在老家；上小学，在德州；还有现在高中毕业，在济南，竟然都是这种反应。他在高中练体育，长相还算比较帅气，但是个人的修养却没有什么进步。不知道的，可能认为是傲慢，或者"酷"，但是，我知道，这是内心的胆怯、性情的懒惰，表现为应变的依赖。

这些年，我从他小学时候就对他说两句话，一是多背诵，二是常复习，他是从来就没有听过，呵呵。刚才，在车上，听他与人通电话，还说什么"我有理想"之类的话，可是就凭这个样子去实现理想吗？要知道 18 岁的理想与 40 岁的现实之间会有多么大的落差呢？没有实干意志和进取精神的人会死得很惨，而那恰恰是大多数人。

想到他的小时候，不由地想到另外两个下一代的亲人来了。

我的外甥女晓啸，小时候是个活泼伶俐，嘴巴甜甜的漂亮丫头——我曾经把三个孩子的照片给一个同事看，她说你们家孩子都漂亮，这个丫头最靓。晓啸有自己的脾气，她刚刚上小学时，有一次我去仙河镇，带她到蓬莱公园去玩，忘了具体细节，我把她逗恼了，她竟自己冲着公园大门就走。

她妈是我大妹，很要强，早早地给她报了电子琴辅导班，天天逼她学琴，那几年我亲眼见到大妹那种"母夜叉"形象，直到考完十级。另外，也是因为她妈好强，让她上学早一年，弄得孩子上学很有些吃力，她妈天天陪她做作业，也很吃力。这些我都没有说啥，但是有一个方面我说了，其实也不一定管用，就是晓啸喜欢读书，可是她妈反对，我明白地说一定要让孩子多读书。

现在外甥女上高中了，高中课程她妈不懂，终于无力过问孩子学习情况了，想不到孩子反而自己知道学习了。她妈好像有一点后悔自己以前插手孩子的生活太多——好吧，还来得及。

我的外甥蛋蛋，是我小妹妹的孩子，这个小子是个人精。现在他上幼儿园大班，《弟子规》倒背如流；参加跆拳道辅导班，脚一抬就能踢到头顶上。

他上中班的时候，有一次，我到他家玩，早上他跟我出来跑步，我带他从一个偏僻的小路跑出居民区，到了海洋公园那里后，我说我迷路了。他也迷路了，东张西望一会儿，他说走这边吧，然后试探着沿着路边往前走。我跟着他，看他怎么探路……终于，到了居民区的一个门口，他忽然顿悟了，双手往裤兜里一插，昂首挺胸地对我说："我爸爸带我上班走这里，前面就是我的幼儿园。你跟我回家吧！"

哈哈。

——下面，为这三个孩子各写一首诗。

其一 袁源（子铭）吟

凭啥能傲慢？其实是怯懒。

锥心乞天公，再造新袁源。

其二 马士英（晓啸）赞

揠苗岂助长，十级琴艺空。

幸有咄犟气，千里马士英。

其三 南孝恒（蛋蛋）序

三岁可鉴老？玉树摇春风。

慧心思进取，栋梁南孝恒。

——上文写于2014年盛夏一个深夜，本书初稿创作期间。现在，书稿写完并即将出版，我觉得有必要写一段话，算是结束语。但是，有过创作经验的人大概会有同感：好不容易完成一个东西，放下了就很不想再增删了。可是不写又觉得有一点点小缺陷，最后忽然想到可以把这一则短文拿过来顶替一下。

首先，我觉得评价儿子的那段话本来就应该放在这里，相应地评价一下我这个作者。我也是天生胆怯的人，面对外在的一切，内心里一直感到敬畏、卑微，甚至恐惧。但是，幸亏我不懒，我经常读书、读报窥探外界的各种信息，并且经常蠢蠢而动去做一些傻事；经常碰到钉子以致头破血流，然而经常好了伤疤忘了痛。于是，就在不断地试错的过程中，我渐渐地也有所收获。终于艰难地走到了“大路上”了，说是大路，因为可以容人比较快速地、自由地走动，这种走动于人略有益、于己也无害。

其次，我喜欢展望未来，所谓“儿童是社会的未来”嘛，所以引用这篇文章还是很合适的——哈哈，扯远了，说说与本书最相关的未来吧。我记得很清楚，(2014) 7月18日，在济南的公交车上，忽然产生灵感：下一本书就叫《做好创业规划》至此，在创业、管理领域我的理论建树算是画了一个圆满的圈套、一个循环。这方面以后可以放下理论创作，回头专心做实业推广了。怎样做店、怎样做餐、怎样做事，“袁氏创业三问”有产品－店铺－创业者，算是一个完整的“天、地、人”系统——对，三本书要有这方面的不同侧重，中式快餐要对应天时多一些。

最后，我啥也不说了，李克强总理说“喊破嗓子不如甩开膀子”，干吧，老百姓也说“出水才见两脚泥”呢；至于所谓的辛苦，也有一句老话等着我们：有梦不觉夜长。

——哈哈，干吧，哪怕只是为了真实多彩的，不断成长的下一代，也要先把中式快餐做赢！

2018年6月29日五稿于济南